FSC
www.fsc.org
MIX
Papier aus ver-
antwortungsvollen
Quellen
Paper from
responsible sources
FSC® C105338

AF294623

ZEN-TEXTE
zur Rezitation

Herausgegeben von
Dr. med. Karim El Souessi

Das Paradies ist kein Ort, wo man hingeht, sondern ein Bewusstseinszustand.

لجن هنم سيل ناكم يذهب الإنسان إلى اليها حالة يعيشها.

(Al dganna laissa makan jashab iliejh al inssan woa inemma halet jaischuha.)

A Paradicsom nem egy hely ahová eljuthatunk, hanem egy tudati állapot.

Het paradijis is geen plaats om er naartoe te gaan maar een bewustzijnstoestand.

El paraíso no es un lugar para acurdirse pero es un estado de consciencia.

Il paradiso no é un luogo dove andare, ma uno stato della coscienza.

Paradise is not a place you go to; it is a state of consciousness.

Le paradis n'est pas un endroit où on va; mais plutôt un état de conscience.

La paradizo ne estas loko por aliri, sed statd de konscio.

Cennet gidilebiliecek bir yer değil, bir bilinç durumu.

Ο παράδεισος δεν είναι ένα μέρος για να πάει αλλά μια κατάσταση συνείδησης.

O paraíso não é um lugar para ir, mas um estado de espírito.

וג |דעה אוה אל םוקמ תבלל וילא, אלא בצמ ישפנ.

Рай — это не место, куда идут, а состояние души.

楽園とは行くべき場所ではなく、心の状態である。

(raku'en towa ikubeki basho deha naku, kokoro no jôtai de aru.)

स्वर्ग जानें कें लिए जगह नहीं हैं, लेकिन मन की एक स्थिति है

Paradise er ikke et sted at gå, men en sindstilstand.

S.R. Covey (1932-2012)
US-amerik. Buchautor, Managementtrainer

Inhalt

Die Vier Großen Gelübde

Zahllos sind die Lebewesen,

alle gelobe ich zu retten.

Endlos täuschendes Denken und Fühlen,

alles gelobe ich zu durchschneiden.

Unergründlich ist der Dharma,

ihn gelobe ich ganz zu verwirklichen.

Unvergleichlich der Weg des Buddha,

ihn gelobe ich ganz zu gehen.

Fürbitte

Mögen Leidende frei sein von Leiden

und Trauernde wieder froh im Herzen;

mögen Ängstliche die Angst verlieren

und Kranke geheilt sein von Schmerzen.

AUM MANI PADME HUM[1]

---

[1] AUM: ॐ setzt sich zusammen aus Adhi Atma: Tagesbewusstsein (unterer Bogen - Materielle Welt), Ubhayatva (rechter Bogen: Traumschlaf und Miti: Tiefschlaf (oberer Bogen - Unbewusstes mit Sichel als Übergang oder Schwelle hin zur Transzendenz und Punkt (für die Quelle, aus der alles kommt, das absolute Bewusstsein, das Nichts, aus dem sich Formen alle entfalten und das alle Formen durchdrängt und erleuchtet). Es verweist darauf, dass alles, auch alle Bewusstseinszustände, miteinander verwoben sind. Mani padme: Juwel im Lotos - hum: hervorbringen, im Sinne von „Möge die Wahrheit hervortreten".

Ti-Sarana[2]

Buddham Saranam Gacchāmi
Dhammam Saranam Gacchāmi
Sangham Saranam Gacchāmi

Om Shānti Shānti Shānti

Abendruf

Aus tiefstem Herzen sage ich euch allen:
Leben und Tod sind eine große Sache.
Schnell vergehen alle Dinge.
Darum seid stets achtsam, ganz aufrichtig und ganz
gegenwärtig.

En-mei Jikku Kan-non Gyō

Kan-ze-on	Kanzeon!
na-mu butsu	Verehrung dem Erwachten!
yo butsu u in	Mit dem Erwachten bin ich eins im Ursprung.
yo butsu u en	Im Erwachten eins mit allem.
bup-pō sō en	Verbunden mit dem Erwachten, mit Dharma und Shanga.
jō-raku ga jō	Ewig, freudig, rein.
chō nen kan-ze-on	Am Morgen - mein Gedanke ist Kanzeon.
bō nen kan-ze-on	Am Abend - mein Gedanke ist Kanzeon.
nen nen jū shin ki	Gedanke um Gedanke entsteht aus dem Herz-Geist.
nen nen fu ri shin.	Gedanke um Gedanke ist nicht getrennt vom HERZ-GEIST.

---

[2] Ti-Sarana - deutsche Übersetzung: Ich nehme Zuflucht zu Buddha. Ich nehme Zuflucht zu Dharma. Ich nehme Zuflucht zur Sangha (= Gemeinschaft). Die Zufluchten beziehen sich auf die Lehre Buddhas, die universelle Wahrheit (Dharma) und die Gemeinschaft, die danach strebt. Shanti = Frieden

Am Morgen

Jeder Tag des Lebens ist Übung, Übung für mein Selbst.
Mag ich auch scheitern, ich lebe in Einheit mit allen Dingen.
Offen - bereit für was immer kommt, bin ich lebendig, bin ich der Moment.
Meine Zukunft ist hier und jetzt.
Kann ich das Heute nicht ertragen, wann und wo sollt' ich's können?

Zenmeister SOEN-OZEKI
Zeitgenössischer Zen-Meister Japan
Daitoku-ji, Kyoto

Meine täglichen Verrichtungen

An meinen täglichen Verrichtungen ist nichts besonderes.
Ich bin einfach in natürlichem Einklang mit ihnen.
An nichts festhaltend und nichts zurückweisend
finde ich keinen Widerstand und bin nie abgetrennt.
Was soll mir denn der Prunk purpurner Gewänder?
Der reine Gipfel ward von keinem Staubkorn je befleckt.
Meine magische Kraft und geistige Übung liegt im Wasserholen
und Holzhacken.

P'ANG YÜN
Zen-Laie des alten China (740-808)

Tag und Nacht

Tag und Nacht, was immer euch begegnet, ist euer Leben;
daher solltet ihr euer Leben der Situation anpassen,
der ihr im Augenblick begegnet.
Verwendet eure Lebenskraft dazu, aus den Umständen,
die auf euch zukommen, eine Einheit mit eurem Leben zu gestalten
und die Dinge an ihren richtigen Platz zu setzen.

Dogen Zenji (1200-1253)

KAI KYO GE (Eröffnungs-Sutra)[3]

MU JO JIN JIN MI MYO HO HYAKU SEN MAN GO NAN SO GU GAK
KON KEN MON TOKU JU JI KAN GE NYO RAI SHIN JITSU JITSU GI

Die unvergleichliche tiefe und erlesene Lehre ist selten anzutreffen,
kaum einmal in hunderten Millionen Jahren. Uns wurde nun gewährt,
sie zu sehen, zu hören und sie anzunehmen und zu bewahren.
Mögen wir die Bedeutung der Worte des Tathāgata zutiefst verstehen.

Maha Prajna Paramita Hrdaya Sutra (Herz-Sutra)

A-va-lo-ki-tesh-va-ra Bo-dhi-satt-va[4]
übt in Ver-sen-kung die tie-fe, voll-komm-ne Weis-heit und er-kennt:
Al-le fünf Skan-dhas[5] sind leer, das ver-wan-delt Lei-den und Bit-ter-keit.
Sha-ri-pu-tra[6], Form ist nichts an-de-res als Lee-re, Lee-re nichts
an-de-res als Form. Form ist Lee-re, Lee-re Form.
So sind auch Füh-len, Den-ken, Wol-len und Be-wusst-sein.
Sha-ri-pu-tra, al-le Dhar-mas[7] sind im Grun-de leer, sie ent-ste-hen nicht
und ver-ge-hen nicht, sind nicht rein und nicht be-fleckt, nehmen nicht
zu und nicht ab.
Da-her gibt es in der Lee-re we-der Form, noch Füh-len, we-der Den-ken,
Wol-len, noch Be-wusst-sein, we-der Au-ge, noch Ohr, noch Na-se,
Zun-ge, Kör-per, Geist, we-der Far-be, noch Ton, noch Ge-ruch,
Ge-schmack, Be-rüh-rung, Ge-dan-ken, we-der ein Er-fas-sen durch die

---

[3] Sutra, Skrt.: Leitfaden. Wird üblicherweise vor spirituellen Vorträgen gesprochen. Ist ein paradoxer Hinweis darauf, dass Wesensschau einerseits nie vollständig erreicht werden kann, andererseits sich jedoch in jedem Augenblick offenbart.

[4] Avalokitesvara: Der Bodhisattva/gütiges Wesen des Mitgefühls, der die Leidensschreie aller Lebewesen hört, der gelobt, alle Lebewesen zu retten.

[5] Daseinsbestimmende Elemente bestehend aus Form (Körper[n]), Wahrnehmung, Bewusstsein und Denken. Die fünf Skhandas(Sanskrit für Haufen, Gruppen, Aggregatzustände) sind: 1. Die fünf Sinnesorgane mit ihren Qualitäten (Auge - Farben sehen, Ohr - Töne hören, Nase - Gerüche riechen, Zunge - Geschmack, schmecken, Körper - Berührungen), 2. Gefühle (Trauer, Angst, Wut, Freude, Ekel), 3. Wahrnehmung/Gewahrsein, 4. Geistesinformationen aus Denken/Erkennen, Benennen etc. und Wollen, 5. (Ich- und Denk-)Bewusstein

[6] Shariputra: Einer der Hauptschüler Buddhas. Er wird stellvertretend angesprochen und belehrt.

[7] Dharmas: gemeint sind alle Phänomene, aus denen die Welt aufgebaut ist.

Sin-ne, noch ein Er-fas-sen durch das Den-ken;

we-der Un-wissen-heit, noch En-de von Un-wissen-heit, noch all das,

was aus Un-wissen-heit ent-steht.

Und so gibt es we-der Al-ter noch Tod,

noch Ende von Al-ter und Tod.

Da gibt es kein Lei-den, kein Ent-ste-hen von Lei-den, kein Ver-ge-hen

von Lei-den und kei-nen Weg; kei-ne Weis-heit und nichts zu er-rei-chen.

Da es nichts zu er-rei-chen gibt, lebt der Bo-dhi-satt-va aus voll-komm'-ner

Weis-heit, oh-ne Hin-der-nis im Geist: oh-ne Hin-der-nis, da-her oh-ne

Furcht. Jen-seits al-ler Il-lu-sion, hier ist Nir-va-na.[8]

Al-le Bud-dhas der Ver-gan-gen-heit, Ge-gen-wart und Zu-kunft le-ben

die-se voll-komm'-ne Weis-heit und er-rei-chen A-nu-tta-ra-Sam-yak-

sam-bo-dhi.[9]

Du sollst da-her wis-sen:

Praj-na-Pa-ra-mi-ta[10] ist das gro-ße Man-tra,

das Weis-heits-man-tra,

das un-ver-gäng-li-che Man-tra,

das höch-ste Man-tra, das al-le Lei-den stillt.

Nicht nur lee-re Wor-te sind es, son-dern Wahr-heit!

So lebt die-ses Man-tra, hört nicht auf, es zu ver-kün-den:

Ga-té, Ga-té[11] , Pa-ra-ga-té, Para-sam-ga-té[12] , Bo-dhi Sva-ha[13].

---

[8] Nirvana: wörtlich = Auslöschung. Der Bewusstseinszustand, der erreicht wird, wenn alle Illusionen ausgelöscht sind und der Mensch die reine Wesensschau erfährt. Er ist dann frei von Verhaftung - nir = ohne, vana = Verhaftung.

[9] Anuttara Samyak Sambodhi: Vollkommene universelle Erleuchtung und Befreiung von Verhaftung

[10] Prajna Paramita: transzendente Weisheit, die über das normale Wissen hinausgeht

[11] Gaté Gaté: sinngemäß „hinüber, hinüber"

[12] Parasamgaté: „vollständig hinüber"

[13] Bodhi Svaha: an das andere Ufer; gemeint ist das Wesen des Seins, Soheit, in die Erfahrung, das Form und Leerheit untrennbar eins sind. *Paragate*: Das Wort para bedeutet das an dere Ufer eines Flusses an dem man steht. *Parasamgate*: Die Silbe sam bedeutet: ganz, gründlich oder ganz und meint ganz hinüber (an das andere Ufer gehen). *Bodhi*: bedeutet wörtlich Erwachen, Wissen und Erleuchtung und ist hier gleichbedeutet mit Soheit. Im Sein seiend in seinem So-da-sein angekommen sein. Die Silbe *svaha* wird in vedischen Gesängen am Ende verwendet, ähnlich dem christlichen "Amen" im Sinne eines Abschlusswortes, in etwa mit der Bedeutung von: so sei es.

MAKA HANNYA HARAMITA SHINGYO (Herz-Sutra)

Kan-ji-zai bo-satsu[14], gyô-jin han-nya ha-ra-mi-ta ji, shô-ken go-on[15]

kai-kû, do is-sai ku-yaku, Sha-ri-shi , shiki fu-i kû, kû fu-i shiki, shiki
soku-ze kû kû soku-ze shiki, ju-sô-gyô-shiki, yyaku-bu nyo-ze, Sha-
ri-shi, ze sho-hô kû-sô, fu-shô fu-metsu, fu-ku fu-jô, fu-zô fu-gen,
ze-ko kû-chû, mu-shiki mu-ju-sô-gyô-shiki, mu-gen-mi-bi-zes-
shin-i, mu-shiki-shô-kô-mi-soku-hô, mu-gen-kai, nai-shi mu-i-
shiki-kai, mu-mu-myô jin, nai-shi mu-rô-shi, yaku mu-rô-shi jin,
mu-ku-shu-metsu-dô, mu-chi yaku mu-toku, i mu-sho-toku ko, Bo-
dai-sat-ta, e han-nya ha-ra-mi-ta ko, shin mu-kei-ge, mu-kei-ge ko,
mu-u-ku-fu, on-ri is-sai ten-dô mu-sô, ku-gyô ne-han, san-ze sho-
butsu, e han-nya ha-ra-mi-ta ko, toku a-moku-ta-ra-san-myaku
san-bo-dai, ko chi han-nya ha-ra-mi-ta, ze dai-jin-shu, ze dai-myô-
shu, ze mu-jô-shu, ze mu-tô-tô-shu, nô-jo is-sai ku, shin-jitsi fu-ko,
ko setsu han-nya ha-ra-mi-ta-shu, soku setsu shu-watsu, Gya-tei
gya-tei, ha-ra gya-tei, Hara-sô gya-tei, bo-ji sowa-ka, Han-nya
shin-gyô.

Diamant-Sutra

[...] Der Ehrwürdige Subhuti sprach zu dem Buddha: „Wird es auch in künftigen
Zeiten Menschen geben, die wahrhaftigen Glauben und wirkliches Vertrauen in
diese Lehren haben, wenn sie sie hören?"

Der Buddha antwortete: „Sprich nicht in dieser Weise, Subhuti. Noch 500
Jahre nach dem Hinscheiden des Tathāgata wird es Menschen geben, die
sich daran erfreuen, die Achtsamkeitsübungen zu befolgen. Hören solche
Menschen diese Worte, werden sie den Glauben und das Vertrauen besitzen,
dass diese Worte die Wahrheit sind. Wir müssen wissen, dass solche
Menschen nicht nur während der Lebzeit eines Buddha heilsame Samen gesät

---

[14] Kan-ji-zai bo-satsu: Der Bodhisattva Avalokiteshvara. Avalokiteshvara (jap. KANNON,
KANZEON), der „Herr, der herabschaut", oder auch „Der die Klänge (Schreie) der Welt
erhört" oder auch „Der Klang, der die Welt erleuchtet", drückt das Große Erbarmen aus. -
Bosatsu: jap. für Bodhisattva.
[15] Sharishi = Shariputra

haben oder während der Lebzeiten von zwei, drei, vier oder fünf Buddhas, sondern dass sie die Samen während der Lebzeiten von Zehntausenden von Buddhas gesät haben. Der Tathāgata sieht und erkennt jede Person, die beim Hören dieser Worte des Tathāgata reines, klares Vertrauen in sich erweckt - und sei es auch nur für eine Sekunde -, und diese Person wird, weil sie versteht, unermessliches Glück erfahren. Warum? Weil Menschen dieser Art nicht in die Vorstellung von einem Selbst, einer Person, einem Lebewesen oder einer Lebensspanne verstrickt sind. Sie sind weder in der Vorstellung von einem Dharma noch in der Vorstellung von einem Nicht-Dharma gefangen. Sie sind nicht in die Vorstellung verstrickt, dass dies ein Zeichen sei und jenes kein Zeichen. Warum? Wenn du der Vorstellung von einem Dharma verhaftet bist, dann bist du auch der Vorstellung von einem Selbst, einer Person, einem Lebewesen und einer Lebensspanne gefangen. Darum dürfen wir uns den Dharmas nicht verhaften, noch der Vorstellung, dass Dharmas nicht existierten. Das ist die verborgene Bedeutung dessen, wenn der Tathāgata sagt: Mönche, ihr müsst wissen, dass alle Lehren, die ich euch gebe, ein Floß sind. Alle Lehren müssen aufgegeben werden, ganz zu schweigen von den Nicht-Lehren."

„Was denkst du, Subhuti, hat der Tathāgata höchsten, vollkommen erwachten Geist erlangt? Gibt der Tathāgata irgendwelche Belehrungen?"

Der Ehrwürdige Subhuti antwortete: „So weit ich die Lehren des Erhabenen verstanden habe, gibt es kein unabhängiges existierendes Objekt des Geistes, das höchster, vollkommen erwachter Geist heißt, noch gibt es irgendwelche unabhängig existierenden Belehrungen, die der Tathāgata gibt. Warum? Die Lehren, die der Tathāgata verwirklicht hat und von denen er spricht, können nicht als unabhämgig und eigenständig existierend gedacht werden und können daher auch nicht beschrieben werden. Die Lehre des Tathāgata ist weder selbst-existent noch nicht selbst-existent. Warum? Weil die edlen Lehren sich von anderen nur hinsichtlich des Nicht-Bedingten unterscheiden."

„Was meinst du, Subhuti, wenn ein Sohn oder eine Tochter aus guter Familie die dreitausend Chiliokosmen als Akt der Freigiebigkeit mit den sieben kostbaren Schätzen füllen würde, könnte diese Person durch eine solch tugendhafte Handlung großes Glück bewirken?"

Der Ehrwürdige Subhuti antwortete: „Ja, Von-der-Welt-Verehrter. Weil Tugend und Glück in ihrem Wesen nicht Tugend und Glück sind, kann der Tathāgata von Tugend und Glück sprechen."

Der Buddha sagte „Wenn nun - auf der anderen Seite - eine Person diese Lehren annimmt, sie in ihrem Leben verwirklicht und anderen erklärt - und sei es nur eine Gatha von vier Zeilen -, so übersteigt das Glück, das durch dieses tugendhafte Handeln entsteht, bei weitem jenes, das aus dem Geben der sieben kostbaren Schätze erwächst. Warum? Weil, Subhuti, alle Buddhas und das Dharma des höchsten, vollkommen erwachten Geistes aller Buddhas aus diesen Lehren hervorgehen. Subhuti, das, was Buddhadharma genannt wird, ist all das, was nicht Buddhadharma ist. Was meinst du, Subhuti, denkt ein In-den-Strom-Eingetretener: ‚Ich habe die Frucht des Stromeintritts erlangt?'"

Subhuti erwiderte: „Nein, Von-der-Welt-Verehrter. Warum? Strom-Eintritt bedeutet in den Strom eintreten, aber in Wirklichkeit gibt es keinen Strom, in den einzutreten wäre. Man tritt in keinen Strom ein, der Form ist, noch in einen, der Klang, Geruch, Geschmack, Berührbares oder Objekt des Geistes ist. Das meinen wir, wenn wir von Strom-Eintritt sprechen."

„Was glaubst du, Subhuti, denkt ein Einmal-Wiederkehrender: ‚Ich habe die Frucht der Einmal-Wiederkehr erlangt'?"

Subhuti erwiderte: „Nein, Von-der-Welt-Verehrter. Warum? Einmal-Wieder- kehr bedeutet gehen und noch einmal wiederkehren, aber in Wirklichkeit gibt es kein Gehen, genauso wie es kein Wiederkehren gibt. Das meinen wir, wenn wir Nie-Wiederkehrer sagen. [...] Wenn ein Arhat den Gedanken hegt, er habe die Frucht der Arhatschaft erlangt, dann ist er noch in die Vorstellung von einem Selbst, einer Person, einem Lebewesen und einer Lebensspanne verstrickt. [...]

Der Buddha sagte: „In diesem Geiste, Subhuti, sollten alle Bodhisattva-Mahasattvas ihren reinen, klaren Vorsatz fassen. Wenn sie diesen Vorsatz fassen, sollten sie sich dabei nicht auf Form, Klang, Geruch, Geschmack, Berührbares oder Geistesobjekt stürzen. Sie sollten einen Vorsatz fassen aus einem Geist heraus, der nirgendwo verweilt."

„Über Zen"

Es gibt eine Wirklichkeit, die vor Himmel und Erde steht. Sie hat keine Form, geschweige denn einen Namen. Augen können sie nicht sehen. Lautlos ist sie, nicht wahrnehmbar für Ohren. Sie *Geist* oder *Buddha* zu nennen, entspricht nicht ihrer Natur, wie das Trugbild einer Blume wäre sie dann. Nicht *Geist* noch *Buddha* ist sie; vollkommen ruhig erleuchtet sie in wunderbarer Weise. Nur dem klaren Auge ist sie wahrnehmbar. Das *Dharma* ist sie und wirklich jenseits von Form und Klang. Das *Tao* ist sie und Worte haben nichts mit ihr zu tun. In der Absicht Blinde anzuziehen, ließ *Buddha* seinem goldenen Munde spielerische Worte entspringen; seitdem sind Himmel und Erde überwuchert mit dichtem Dornengebüsch. Oh, meine lieben und ehrenwerten Freunde, die ihr hier versammelt seid: Wenn ihr euch
danach sehnt, die donnernde Stimme des *Dharma* zu hören, gebt eure
Worte auf, entleert eure Gedanken, dann kommt ihr soweit, das *EINE SEIN*
zu erkennen.

Daio Kokushi
früher jap. Zen-Meister (1235-1309)

Buddhas Erleuchtung

In dieser Nacht in Uruvela[16] im Jahr 528 v. Chr. saß er unter einem Pappelfeigenbaum, er war 35 Jahre alt und hatte in einer neunstündigen Geistessammlung die Erleuchtung (Bodhi) erlangt.

Die erste Nachtwache
Ich erinnere mich an viele frühere Existenzen: eine Geburt, zwei, fünf, …, fünfzig, …, hunderttausende, in verschiedenen Weltzeitaltern. Ich wusste alles über diese verschiedenen Leben: Wann sie stattgefunden hatten, wie mein Name gewesen war, wer meine Eltern gewesen waren und was ich getan hatte. Ich durchlebte nochmals das Gute und das Schlechte sowie das Ende eines jeden Lebens und kam wieder und wieder auf die Erde zurück. Auf diese Weise erinnerte ich mich an unzählige vergangene Existenzen mit all ihren Eigenarten und genauen Umständen. Dieses Wissen erlangte ich während der ersten Nachtwache.

---

[16] Heute die Kleinstadt Bodhgaya im Bundesstaat Bihar, Nordindien

Die zweite Nachtwache - Öffnung des himmlischen Auges

In der zweiten Nachtwache sah ich in andere Daseinsbereiche und für das fleischliche Auge unsichtbare Dinge, wie die Wesen ihrem Wirken (Karma) gemäß in Samsara (zu erkennen, wo bzw. in welchem Daseinsbereich ein verstorbenes Wesen wiedergeboren wurde) weiterwandern.

Die letzte Nachtwache

In der letzten Nachtwache erlangte ich vollkommene Erleuchtung (Samyak Sambodhi) und überweltliche höchste Geisteskraft (Siddhi). Ich erkannte in Wahrheit: Dies ist das Leiden, dies ist die Ursache des Leidens, dies ist die Aufhebung des Leidens.

Daraus zieht er die Folgerung:

Dies ist der Weg, der zur Aufhebung des Leidens führt.

Große Rede der Ratschläge für seinen Sohn Ràhula

„Ràhula. entwickle Meditation, die gelassen wie die Erde ist; denn wenn du Meditation entwickelst, die gelassen wie die Erde ist, werden erschienene angenehme und unangenehme Kontakt nicht in deinen Geist eindringen und dort bleiben. Gerade so wie die Leute saubere Dinge und schmutzige Dinge, Kot, Urin, Speichel, Eiter und Blut auf die Erde werfen, und die Erde deswegen nicht entsetzt, gedemütigt und angewidert ist, genauso, Ràhula, entwickle Meditation, die gelassen wie die Erde ist; denn wenn du Meditation entwickelst, die gelassen wie die Erde ist, werden erschienene angenehme und unangenehme Kontakte nicht in deinen Geist eindringen und dort bleiben."

„Ràhula, entwickle Meditation, die gelassen wie Wasser ist; denn wenn du Meditation entwickelst, die gelassen wie Wasser ist, werden erschienene angenehme und unangenehme Kontakte nicht in deinen Geist eindringen und dort bleiben. Gerade so wie die Leute saubere Dinge und schmutzige Dinge, Kot, Urin, Speichel, Eiter und Blut im Wasser waschen, und das Wasser deswegen nicht entsetzt, gedemütigt und angewidert ist, genauso, Ràhula, entwickle Meditation, die gelassen wie Wasser ist; denn wenn du Meditation entwickelst, die gelassen wie Wassser ist, werden erschienene angenehme und unangenehme Kontakte nicht in deinen Geist eindringen und dort bleiben."

„Ràhula, entwickle Meditation, die gelassen wie Feuer ist; denn wenn du Meditation entwickelst, die gelassen wie Feuer ist, werden erschienene angenehme und unangenehme Kontakte nicht in deinen Geist eindringen und dort bleiben. Gerade so wie die Leute saubere Dinge und schmutzige Dinge, Kot, Urin, Speichel, Eiter und Blut im Feuer verbrennen, und das Feuer deswegen nicht entsetzt, gedemütigt und angewidert ist, genauso, Ràhula, entwickle Meditation, die gelassen wie Feuer ist; denn wenn du Meditation entwickelst, die gelassen wie Feuer ist, werden erschienene angenehme und unangenehme Kontakte nicht in deinen Geist eindringen und dort bleiben.“

„Ràhula, entwickle Meditation, die gelassen wie Wind ist; denn wenn du Meditation entwickelst, die gelassen wie Wind ist, werden erschienene angenehme und unangenehme Kontakte nicht in deinen Geist eindringen und dort bleiben. Gerade so wie der Wind über saubere und schmutzige Dinge, Kot, Urin, Speichel, Eiter und Blut streicht, und der Wind deswegen nicht entsetzt, gedemütigt und angewidert ist, genauso, Ràhula, entwickle Meditation, die gelassen wie Wind ist; denn wenn du Meditation entwickelst, die gelassen wie Wind ist, werden erschienene angenehme und unangenehme Kontakte nicht in deinen Geist eindringen und dort bleiben.“

„Ràhula, entwickle Meditation, die gelassen wie Raum ist; denn wenn du Meditation entwickelst, die gelassen wie Raum ist, werden erschienene angenehme und unangenehme Kontakte nicht in deinen Geist eindringen und dort bleiben. Gerade so wie Raum sich nirgendwo auf etwas stützt, genauso, Ràhula, entwickle Meditation, die gelassen wie Raum ist; denn wenn du Meditation entwickelst, die gelassen wie Raum ist, werden erschienene angenehme und unangenehme Kontakte nicht in deinen Geist eindringen und dort bleiben.“

„Ràhula, entwickle Meditation über Liebende Güte: denn wenn du Meditation über Liebende Güte entwickelst, wird jegliches Übelwollen überwunden.“

„Ràhula, entwickle Meditatiom über Mitgefühl; denn wenn du Meditation über Mitgefühl entwickelst, wird jegliche Grausamkeit überwunden.“

„Ràhula, entwickle Meditation über Mitfreude; denn wenn du Meditation über Mitfreude entwickelst, wird jegliche Missgunst überwunden.“

„Ràhula, entwickle Meditation über Gleichmut; denn wenn du Meditation über Gleichmut entwickelst, wird jegliches Widerstreben überwunden.“

„Ràhula, entwickle Meditation über Nicht-Schönheit; denn wenn du Meditation über Nicht-Schönheit entwickelst, wird jegliche Begierde überwunden.“

„Ràhula, entwickle Meditation über die Wahrnehmung der Vergänglichkeit; denn wenn du Meditation über die Wahrnehmung der Vergänglichkeit entwickelst, wird jeglicher Ich-Dünkel überwunden.“

SHODOKA

Gesang vom Erkennen des *Tao*[17]

1. Siehst du nicht jenen gelassenen Menschen des *Tao*,
   jenseits von Lernen und Streben.
   Er vermeidet nicht eitle Gedanken, noch sucht er die Wahrheit.
   Er weiß: Die wahre Natur der Unwissenheit ist die *Wesensnatur*.

2. Der leere Schein-Leib ist der wahre *Dharma-Leib*.
   Wenn der *Dharma-Leib* voll erwacht,
   ist nicht ein Ding.
   Die Quelle der Ich-Natur ist die angeborene *Wesensnatur*.

3. Die fünf *Skandhas* kommen und gehen
   wie vorüberziehende Wolken am leeren Himmel.
   Gier, Zorn und Verblendung erscheinen und verschwinden
   wie Blasen auf der Oberfläche des Meeres.

4. Erfahren wir die Wirklichkeit,
   gibt es weder Mensch noch Ding,
   und alles *Karma*, das zur Hölle führt, verschwindet im Nu.
   Wenn das eine Lüge ist, die Menschen zu täuschen,
   sei meine Zunge für immer ausgerissen.

5. Wenn wir plötzlich zum Tathâgata *Zen* erwachen,
   sind die sechs Pâramitâs und alle guten Taten
   bereits vollendet in uns.

---

[17] *Tao* oder *Dao*, chin. „Weg“, metaphysisch das allumfassende *Erste Prinzip*, das allen Erscheinungen zugrunde liegt, die *Wirklichkeit*, aus der das Universum entspringt.

Im Traum sehen wir klar die sechs Wege;
wenn wir erwachen, ist das ganze Universum leer.

6. Keine Sünde, kein Segen, kein Verlust und kein Gewinn:
Suche solche Dinge nicht inmitten des vollkommenen Friedens.
Bis jetzt wurde der staubige Spiegel nicht gereinigt.
Lasst uns ihn heute reinigen, einmal und für immer.

7. Wer hat keine Gedanken? Wer ist nicht geboren?
Wenn wir wahrhaft nicht geboren sind, so sind wir auch nicht
ungeboren. Ruf eine Puppe und frag sie.
Solange wir *Buddha* suchen und verdienstvolle Werke vollbringen,
werden wir nie Erleuchtung erlangen.

8. Lass die vier Elemente los.
Iss und trink nach Belieben in vollkommener Klarheit.
Alle Dinge sind vergänglich und leer:
Das ist die große und vollkommene Erleuchtung des Tathâgata.

9. Diese klare Überzeugung kennzeichnet den wahren Schüler.
Ist jemand damit nicht einverstanden,
kann er mich ruhig fragen.
Wird die Wurzel geradewegs herausgerissen,
drückt *Buddha* sein Siegel auf.
Wer Blätter sammelt und nach Ästen sucht, dem kann ich nicht helfen.

10. Die Menschen kennen nicht den Juwel,
tief in der Schatzkammer des Tathâgata verborgen.
Sein wunderbares Wirken in den sechs Sinnen
Ist leer und nichtleer.
Sein vollkommenes Licht ist Form und Nicht-Form.

11. Die fünf Augen zu klären und die fünf Kräfte zu erlangen,
ist nur in der Erfahrung jenseits der Gedanken möglich.
Bilder in einem Spiegel zu sehen, ist nicht schwer,
aber wer kann den Mond im Wasser fassen?

12. Allein wirken sie, allein ziehen sie dahin;
    unbeschwert wandern alle Vollendeten auf demselben Pfad des *Nirwana*.
    Ihre Erscheinung ist zeitlos. Ihr Geist ist klar,
    ihr Benehmen natürlich und vornehm.
    Hager, mit knochigem Gesicht,
    gehen sie unbeachtet durch die Welt.

13. Die Kinder Shâkyas gelten als arm,
    doch arm nur am Leibe, nicht im *Tao*.
    Obwohl stets in Lumpen gehüllt,
    bewahren sie doch im Innern einen kostbaren Schatz.

14. Trotz steten Gebrauches nützt der kostbare Schatz sich nicht ab.
    Großzügig geben sie allen, soviel sie begehren.
    Die drei Körper und die vier Weisheiten
    sind in ihrem Sein vollendet.
    Die acht Befreiungen und die sechs übernatürlichen Kräfte
    sind eingeprägt in den Grund des Geistes.

15. Der beste Schüler klärt es einmal und für immer;
    die andern sind sehr gelehrt, doch bezweifeln sie viel.
    Leg doch die schmutzigen Gewänder ab, an denen du hängst.
    Warum bist du stolz auf deine frommen Übungen?

16. Mögen die andern dich tadeln und verdammen soviel sie wollen.
    Mit einer Fackel versuchen sie, den Himmel in Brand zu stecken;
    am Ende werden sie nur müde davon.
    Ihre Verleumdungen schmecken wie süßer Tau.
    Denn alles vergeht, und plötzlich bin ich im Reich des Nichtdenkens.

17. Wenn ich bedenke, wie hilfreich Verleumdungen sind,
    wird der Verleumder mein guter Freund.
    Wenn ich gekränkt werde und gleichmütig bleibe,
    brauche ich die Kraft des ungeborenen Mitleids
    und die Macht der Weisheit nicht mehr zu zeigen.

18. Ich habe Wesen und Ausdruck voll erfasst.
    Einsicht und Weisheit sind vollkommen klar.
    Ich verweile in der Leere.

Aber ich habe das nicht allein erreicht:
Alle Erleuchteten, unzählbar wie der Sand am Ganges,
sind von gleichem Wesen.

19. Das Löwengebrüll der furchtlosen Lehre
zerschmettert das Gehirn der Tiere, wenn sie es hören.
Selbst der vornehme Elefant vergisst seinen Stolz und rennt davon.
Nur der himmlische Drache hört still und freudig zu.

20. Ich zog über Flüsse und Seen, überquerte Berge und Ströme,
besuchte Meister, fragte nach dem *Tao* und übte *Zen*.
Erst seit ich den Weg des *Hui Neng*[18] gefunden,
weiß ich: Um Leben und Tod muss ich mich nicht kümmern.

21. Gehen ist *Zen*, Sitzen ist *Zen*,
Sprechen oder Schweigen, Bewegung oder Ruhe:
Das Wesen ist immer in Frieden.
Selbst das Schwert des Todes vor Augen, bleibt es unbewegt.
Auch beim Trinken von Gift ist es ruhig.

22. Unser Lehrer traf einst *Dipankara Buddha*[19],
Viele Äonen lang übte er sich als Asket, genannt *Kshanti*.[20]
Wie oft sind wir geboren, wie oft werden wir sterben?
Leben und Tod folgen einander in Ewigkeit.

23. Seit ich das Ungeborene plötzlich erfahren,
macht mich Ehre oder Schmach weder unglücklich noch traurig.
Tief in den Bergen lebe ich still und abgeschieden
unter steilen Felsen und alten Föhren.
Ruhig und zufrieden sitze ich in meiner Einsiedelei
und genieße das einfache und einsame Leben.

24. Bist Du wirklich erwacht, verstehst Du:
Es gibt kein Anhäufen von Verdiensten.

---

[18] *Hui Neng*, jap. *Eno* (638-713), der 6. Patriarch des *Zen* in China
[19] *Dipankara Buddha*: „Anzünder der Leuchte", der wichtigste unter *Buddhas* Vorgängern, symbolisiert alle Buddhas der Vergangenheit.
[20] *Kshanti* (Skrt.): geduldiges Abwarten, Geduld, Nachsicht, Ausdauer, Toleranz [...] Kshanti bezieht sich auch auf die Geduld, die man braucht, um anderen zuzuhören und den spirituellen Fortschritt abzuwarten. Entn. aus https://wiki.yoga-vidaya.de >Kshanti

Es gleicht nicht den Gesetzen der Erscheinungswelt.
Gute Werke, die Belohnung erwarten, mögen geistigen Gewinn bringen,
doch sie gleichen einem Pfeil, in den leeren Himmel geschossen,
wenn seine Kraft nachlässt, fällt er auf die Erde zurück
und bringt Unglück im kommenden Leben.
Ist es nicht besser, durch das Tor der unwandelbaren Wirklichkeit
einzutreten
und direkt bis zum Grund des Tathâgata vorzudringen?

25. Halte dich nur an die Wurzel,
sorge dich nicht um die Zweige.
Es ist wie der Mond, leuchtend in kristallener Schale.
Nun erkenne ich den wunsch-erfüllenden Juwel,
der mir und allen zur unerschöpflichen Wohltat wird.

26. Der Mond scheint auf den Fluss,
der Wind weht durch die Föhren.
Das reine Schweigen dieser langen Nacht –
wozu?

27. Das Juwel der Gebote des *Wahren Selbst*
ist eingeprägt in den Grund meines Geistes.
mein Kleid ist der Tau, der Nebel, der Dunst und die Wolke.
Die drachen-besänftigende Schale und der tiger-brennende Stab
mit den beiden klingenden Ringen
sind nicht leere, überlieferte Formen,
sondern Spuren, hinterlassen vom kostbaren Stab des Tathâgata.

28. Ich suche weder die Wahrheit, noch weise ich Täuschungen ab.
Ich weiß: Alle Gegensätze sind leer und ohne Form.
Doch diese Nicht-Form ist weder leer noch nicht leer,
und dies ist die wahre Gestalt des Tathâgata.

29. Der Geist-Spiegel zeigt alles klar und ungehindert;
grenzenlos durchdringt er die zahllosen Reiche.
In seiner Mitte spiegeln sich alle Dinge des Universums;
in diesem einen vollkommenen Licht gibt es weder innen noch außen.

30. Die weite Leere verbannt Ursache und Wirkung;
    doch das bringt nur Unheil und Verwirrung.
    Wer das Dasein zurückweist und sich an die Leere klammert, ist krank
    wie einer, der ins Feuer springt, um dem Ertrinken zu entgehen.

31. Illusionen zurückweisen und die Wahrheit festhalten –
    der Geist, in Gegensätzen gefangen,
    bringt nur geschickte Lügen hervor.
    Schüler, die üben, ohne dies zu verstehen,
    machen einen Dieb zu ihrem eigenen Kind.

32. Der Reichtum des *Dharma* verliert sich, alle Verdienste verlöschen:
    das ist die Folge des unterscheidenden Denkens.
    Daher lehrt *Zen*, sorgfältig in den eigenen Geist zu schauen
    und durch die Macht der weisen Einsicht
    geradewegs ins Ungeborene vorzudringen.

33. Der wirklich Große besitzt das Schwert der Wahrheit,
    dessen *Prajna*-Schneide eine diamantene Flamme ist.
    Es zerstört nicht nur nutzloses Wissen und Nichtwissen,
    es lässt auch die höchsten Dämonen verzagen.

34. Er lässt den *Dharma-Donner* grollen,
    er schlägt die *Dharma-Trommel.*
    Er verbreitet Wolken des Mitleids und regnet süßen Tau.
    Den Fußstapfen des großen Elefanten
    entspringen Wohltaten ohne Ende.
    Die *Drei Fahrzeuge*[21] und die fünf Arten von Menschen
    erreichen alle Erleuchtung.

35. Das Gras in den verschneiten Bergen
    ist nicht vermischt mit anderem Gras.
    Der reine Käse von diesen Gipfeln ernährt mich stetig.
    Ein Wesen durchdringt die ganze Natur,
    ein Ding enthält alle Dinge.

---

[21] *Drei Fahrzeuge*: „Triyana" - *Shravaka-Yana, Pratyeka-Yana* und *Bodhisattva-Yana*; verschiede-
ne Wege des Strebens nach *Buddhaschaft* (siehe Shravaka, Pratyeka (S.27) und Bodhisattva)

36. Ein Mond spiegelt sich in allen Wassern;
    alle Wasser-Monde haben den einen Mond.
    Der DHARMA-LEIB aller Erleuchteten ist in meiner Natur;
    meine Natur ist eins mit Tathâgata.

37. Der erste Schritt enthält alle Schritte;
    es hängt nicht ab von Form, von Geist oder Wirken.
    Ein Schnalzen mit den Fingern und 80.000 Lehren sind vollbracht;
    im Nu sind Äonen ausgelöscht.

38. Alle Zahlen und Begriffe sind Nicht-Zahlen und Nicht-Begriffe.
    Was haben sie mit meinem inneren Erwachen zu tun?
    Es ist jenseits von Lob und Tadel,
    wie leerer Raum kennt es keine Grenzen.

39. Nie getrennt vom Hier und Jetzt fließt es ständig über.
    Suchst du es, so kannst du es nicht finden.
    Du kannst es nicht begreifen
    und doch kommst du nicht los davon.
    Weil du es schon hast, kannst du es nicht erlangen.

40. Im Schweigen redet es,
    im Reden schweigt es,
    Das große Tor der wahren Liebe steht offen;
    es kennt keine Hindernisse.
    Fragt jemand: „Welche Wahrheit hast du erkannt?“
    Sag‘ ich: „Die Macht der transzendenten Weisheit!“

41. Manchmal sage ich „ja“, manchmal „nein“.
    Die Menschen verstehen nicht.
    Manchmal passe ich mich an, ein andermal nicht.
    Nicht einmal der Himmel kann mein Verhalten ergründen.

42. Seit vielen Kalpas habe ich geübt;
    dies ist ein leeres Gerede, um dich zu täuschen.
    Unter klarer Weisung Buddhas hisste Hui Neng die Fahne des Dharma
    und begründete die Lehre.

43. Mahâkâshyapa[22] wurde das Licht zuerst übertragen;
    28 Generationen sind überliefert in Indien.
    Dann kam es über Flüsse und Seen in unser Land,
    und BODHIDHARMA wurde der erste Patriarch.
    Wie alle wissen, wurde seine Robe durch sechs Generationen
    weitergereicht.
    Unzählige haben nach ihm den Weg erlangt.

44. Die Wahrheit muss nicht verkündet werden;
    im Grunde ist auch das Unwahre leer.
    Ist beides, Sein und Nicht-Sein, auf die Seite gelegt,
    ist selbst die Nicht-Leere leer.

45. Die Ansichten der Leere
    können es im Grunde nie erreichen:
    Die Natur des Tathâgata
    bleibt immer die gleiche.

46. Geist ist die Grundlage, die Erscheinungen sind Staub.
    Doch beide sind nur Flecken auf einem Spiegel.
    Sind Schmutz und Staub weggewischt
    leuchtet das Licht wieder klar. Sind beide, Geist und Dinge, vergessen,
    erscheint die wahre Natur.

47. Ach, diese entartete Endzeit:
    Die Menschen sind unglücklich und unbeherrscht.
    Weit entfernt sind sie im Zeitalter der Weisen,
    tief verwurzelt sind ihre falschen Ansichten.
    Die Dämonen sind stark, das Dharma ist schwach,
    und überall wuchert das Böse.

48. Wenn sie die Lehre des Tathâgata von der plötzlichen Erleuchtung
    vernehmen, geraten sie in Zorn,
    Denn die können sie nicht wie einen Dachziegel zerschmettern.

---

[22] Mahâkâshyapa: Nachfolger Buddhas, 1. Patriarch des ZEN

49. Die Quelle des Handelns ist dein Geist,
    die Quelle des Leidens dein Leib:
    Beklage nicht und beschuldige niemand.
    Willst du nicht in unaufhörliches Leid geraten,
    lästere nie die wahre Lehre des Tathâgata.

50. Im Sandelbaum-Hain wachsen keine anderen Bäume.
    Nur der Löwe lebt in dieser tiefen Stille;
    frei streift er durch das friedliche Gehölz.
    Weit entfernt bleiben die Vögel und alle anderen Tiere.

51. Die jungen Löwen folgen den Spuren des Rudels.
    Schon die Dreijährigen brüllen laut.
    Versuchen Schakale sie nachzuahmen und König des Dharma zu spielen,
    klingt es wie Unsinngeplapper von 100.00 Geistern.

52. Die Lehre der vollkommenen und plötzlichen Erleuchtung
    hat nichts mit menschlichen Gefühlen zu tun.
    Hast du unlösbare Zweifel,
    komme mit deinen Einwänden sogleich zu mir.
    Das sag' ich, der Bergmönch, nicht aus Geltungsbedürfnis,
    sondern aus Furcht, deine Übung könnte in eine Falle führen,
    in falsche Ansichten über Verlöschen oder Weiterleben.

53. Falsch ist nicht falsch und richtig ist nicht richtig;
    weich ab davon nur um Haaresbreite,
    und du verfehlst es um tausend Meilen.
    Wenn richtig, wird selbst die Tochter des Drachen ein *Buddha*,
    wenn falsch, fährt selbst der große Schüler *Zensho* lebendig zur Hölle.

54. Seit meiner Jugend habe ich Wissen angehäuft,
    habe Sûtren und Kommentare durchforscht.
    Teilte alles in Namen und Formen ein - pausenlos, ohne zu ruhen.
    Doch es gleicht einem Sprung ins Meer, um den Sand zu zählen.
    Umsonst hab' ich mich völlig erschöpft.

55. Streng hat mich Tathâgata dafür getadelt.
    Was nützt es, den Schatz eines andern zu zählen?
    Mir wurde klar: Ziellos bin ich umhergewandert,
    für Jahre wie Staub im Wind umhergetrieben.

56. Sind Menschen nicht von Grund auf wahrhaftig, verstehen sie es falsch.
    Und verfehlen das vollkommene und unmittelbare Gesetz des Tathâgata
    Die Schüler des *Shrâvaka*[23] und *Pratyeka*[24] mögen ernsthaft üben.
    Es fehlt ihnen der reine Geist des Weges.
    Jene außerhalb des Weges mögen viel wissen,
    doch mangelt ihnen transzendente Weisheit.

57. Dann gibt es einfältige und törichte Menschen,
    die glauben, in einer leeren Faust etwas zu finden.
    Sie verwechseln den Zeigefinger mit dem Mond,
    ihr Tugendstreben ist gezwungen und verzerrt.
    Verloren in einer Welt der Sinne und der Objekte
    wandern sie völlig verwirrt umher.

58. Wer kein Ding mehr sieht, der ist der Tathâgata.
    Avalokiteshvara kann man ihn nennen.
    Wenn du verstehst, sind karmische Schranken von Grund auf leer.
    Wenn du nicht verstehst,
    zahlst du alle deine Schulden zurück.

59. Die Hungrigen kommen vor eine königliche Tafel,
    aber sie können nicht essen.
    Die Kranken treffen den König der Heiler.
    Warum genesen sie nicht?

60. In dieser Welt voller Begierden *Zen* zu üben,
    ist die Kraft der weisen Einsicht.
    Der Lotus blüht inmitten des Feuers
    und wird doch nicht zerstört.

---

[23] *Shravaka*: „Hörer" der Lehre, im *Mahayana* jene Schüler, die dem kleinen Fahrzeug (*Hinayana*) zugehören; Ziel ist die *Arhat-Schaft* (Arhat = der Heilige, der das Heil für sich selbst gewonnen hat).
[24] *Pratyeka (-Buddha)*: *Einsam(-Erwachter)*, Zwischenstufe der Buddhaschaft, zwischen Arhats (*Hinayana*) und den *Buddhas* mit vollkommener Erleuchtung stehend.

61. *Yuse*, der Mönch, verletzte Hauptgebote,
doch er erwachte zum Ungeborenen.
Augenblicklich war er erleuchtet;
heute noch lebt er.

62. Das Gebrüll der furchtlosen Predigt
wird leider nicht gehört.
Die Unwissenden, starrsinnig und hart wie Leder,
wissen nur, dass Verbrechen der Erleuchtung im Wege stehen.
Das schon enthüllte Geheimnis des Tathâgata verstehen sie nicht.

63. Zwei Mönche waren einst angeklagt wegen Sinnlichkeit und Mord.
Der ehrwürdige *Upali*[25] mit dem Licht eines Glühwurms
band sie nur noch stärker an ihre Verbrechen.
Vimalakîrti[26] aber, der große Laie, beseitigt ihre Zweifel sofort,
wie die strahlende Sonne Schnee und Frost schmilzt.

64. Unzählbar wie der Sand des Ganges
sind die Wunder der geheimnisvollen Kraft der Befreiung.
Besitzt sie jemand, scheue keine Mühe,
ihm die vier Gaben darzubringen.
Auch wenn du ihm 10.000 Goldstücke gibst,
deinen Körper in Stücke zerreißt und deine Knochen zermalmst -
es wäre des Dankes noch nicht genug.
Ein Wort, wirklich erfahren, übertrifft Millionen Jahre Übung.

65. Der König des *Dharma* ist unübertroffen;
unzählige Tathâgatas haben das Gleiche bezeugt wie er.
Jetzt verstehe ich das wunsch-erfüllende Juwel:
Wer es vertrauensvoll annimmt, bekommt alles, was ihm gebührt.

66. Wenn du klar und deutlich siehst, gibt es nicht ein Ding;
weder Mensch noch *Buddha*.
Die zahllosen Welten des Universums sind wie Blasen im Meer,
Heilige und Weise nur kurz aufleuchtende Blitze.

---

[25] *Upali*: Schüler des *Buddha*, der Spezialist für Disziplin- und Ritualfragen
[26] *Vimalakirti*: ein von Buddha sehr geschätzter reicher Kaufmann und Anhänger Buddhas, der mitten im weltlichen Leben stand und doch den Weg eines Bodhisattvas ging.

67. Selbst wenn sich ein eisernes Rad über meinem Kopf dreht,
klare Einsicht und Weisheit werden niemals vergehen.
Selbst wenn die Sonne erkaltete und der Mond erglühte,
nicht einmal ein Heer von Dämonen könnte die Wahrheit zerstören.

68. Der Elefantenwagen, so hoch wie ein Berg,
bewegt sich bedächtig die Straße hinunter.
Wie könnte ihm eine Gottesanbeterin den Weg versperren?

69. Der große Elefant spielt nicht auf dem Hasenpfad;
große Erleuchtung befasst sich nicht mit Einzelheiten.
Schmälere den unermesslichen Himmel nicht,
den du nur durch Schilfrohr gesehen.

70. Wenn du immer noch nicht verstehst,
werde ich es für dich klären.

Yoka Daishi (665-713)[27]

---

[27] Yoka Daishi (665-713), geboren im Dorf Yoka, Daishi bedeutet „Großer Meister". Text übersetzt aus dem Japanischen ins Englische von Joan Rieck, aus dem Englischen ins Deutsche von Richard Weber und Willigis Jäger.

Inschrift vom Glauben an den Herz-Geist
Shin-Jin-No-Mei

Der höchste Weg ist nicht schwer
für jene, die keine Vorlieben haben.
Nur ohne Begierde und ohne Hass
erscheint alles klar und unverstellt.
Doch ein Unterscheiden breit wie ein Haar,
und Himmel und Erde sind unendlich getrennt.

Willst du die Wahrheit sehen,
dann halte dich nicht an Dafür und Dagegen.
Der Streit zwischen Abneigung und Zuneigung
ist die Krankheit des Geistes.
Wenn du den tiefen Sinn nicht erkennst,
ist der Friede des Geistes unnötig gestört.

Der Weg ist vollkommen wie unendlicher Raum,
ohne Mangel und ohne Überfluss.
Dass wir die wahre Natur der Dinge nicht sehen,
liegt daran, dass wir annehmen und zurückweisen.
Verwickle dich weder in äußere Erscheinung
noch in das innere Gefühl von Leerheit.

Bleibe gelassen in der Einheit,
und alle Verwirrung verschwindet von selbst.
Willst du die Tätigkeit des Geistes zum Stillstand bringen,
so ist gerade diese Bemühung wieder Tätigkeit.
Solange du im einen Extrem oder im anderen verweilst,
wirst du niemals die Einheit erfahren.

Jene, die nicht in dem Weg leben,
versagen in der Tätigkeit und in der Nicht-Tätigkeit,
in Bejahung und in Verneinung.
Die Realität abzulehnen, heißt die Realität zu verfehlen,
die Leerheit der Dinge zu behaupten, heißt wieder, ihre Realität zu verfehlen.

Viele Worte, viele Gedanken -
je mehr es sind, desto weiter entfernst du dich von der Wahrheit.
Schneide Worte und Gedanken ab, und du durchdringst alles.

Kehrst du zur Wurzel zurück, erfasst du die Wahrheit;
Hängst du Erscheinungen nach, verfehlst du den Ursprung.
Nur ein Augenblick der Erleuchtung -
und du gehst über Leerheit und Erscheinung hinaus.
Veränderung in dieser Leerheit ist nur Täuschung.
Suche nicht nach der Wahrheit, lass nur ab von Meinung und Urteil.
Verweile nicht in der Dualität, vermeide das sorgfältig.
Nur eine Spur von richtig und falsch,
und der Geist verliert sich in Verwirrung.

Zweiheit existiert aufgrund von Einheit,
aber klammere dich auch nicht an die Einheit.
Wenn der Geist ungestört ruht, sind die zahllosen Erscheinungen fehlerlos.
Keine Fehler - keine Erscheinungen,
keine Störungen - kein Geist.
Wenn nichts als Objekt erkannt wird, vergeht auch das Subjekt.
Wenn das Subjekt vergeht, verschwinden die Objekte.

Die Dinge sind Objekte aufgrund des Subjekts.
Das Subjekt ist Subjekt aufgrund der Objekte.
Willst du die beiden Aspekte verstehen -
ihr Ursprung ist Einheit in Leerheit.
In dieser Leerheit ist beides ohne Unterschied.,
und jedes enthält in sich alle Erscheinungen.
Es gibt weder Grobes noch Feines. -
Warum sollte es dann Vorurteile geben?

Der große Weg ist sanft und weit,
weder leicht, noch schwer.
Kleinliches Denken führt zu Angst und Zaudern,
je mehr man eilt, desto langsamer geht es.
Das Haften in Ansichten führt in die Irre.
Lass los und alles ist natürlich.

Soheit ist ohne Kommen und Gehen.
Folge deiner Natur, und du bist eins mit dem Weg,
und gehst ihn frei und gelassen.

Sind die Gedanken gebunden, so ist die Wahrheit verborgen,
alles ist dunkel und verwirrt,
und das beschwerliche Urteilen ermüdet den Geist.
Was hilft es schon, für oder gegen etwas zu sein?

Willst du den einen Weg gehen,
verachte nicht die Welt der Sinne und Gedanken.
Sie vollkommen anzunehmen, ist wahre Erleuchtung.
Der Weise verfolgt kein Ziel,
doch der Unwissende fesselt sich selbst.
Im Dharma gibt es keine Unterscheidung,
eigenmächtig ist das Haften an den Dingen.
Den Geist mit dem unterscheidenden Geist zu suchen,
ist der größte aller Fehler.
Ruhe und Unruhe entstehen aus der Verblendung,
Erleuchtung kennt weder Vorliebe noch Abneigung.
Alle Dualität kommt aus verblendetem Denken.
Wie Träume, wie Blumen in der Luft,
nur ein Narr versucht, sie zu pflücken.

Erlangen und Verlieren, richtig und falsch,
gib das alles auf!

Wenn das Auge nicht schläft,
vergehen die Träume von selbst.
Wenn der Geist keine Unterscheidung mehr macht,
sind die zahllosen Erscheinungen so wie sie sind, eins.
Dieses Einssein ist unergründlich,
es erlöst aus aller Verstrickung.

Siehst du die zahllosen Erscheinungen ohne Unterscheidung,
so kehrst du zum Ursprung zurück.
Ursachen verschwinden, Vergleiche sind nicht möglich.

Erkenne, dass im Bewegten Ruhe ist,
und im Ruhenden Bewegung,
und Ruhe und Bewegung verschwinden.
Wenn solche Dualitäten verschwinden,
kann auch das Einssein nicht existieren.
Keine Worte können es fassen.

Für den geeinten Geist verschwindet alles selbstzentrierte Streben.
Zweifel und Unentschlossenheit verschwinden,
und vollkommenes Vertrauen wird möglich.
Nichts bleibt zurück, keine trübende Erinnerung.
Alles ist leer, klar, aus sich selbst heraus leuchtend,
ohne Anstrengung des Geistes.
Hier sind Denken, Fühlen, Wissen und Vorstellung nutzlos.

In dieser Welt der Soheit gibt es weder Anderes noch Selbst.
Willst du unmittelbar damit übereinstimmen,
so sage nur: „Nicht-Zwei".
In diesem „Nicht-Zwei" ist nichts getrennt
und nichts ausgeschlossen.
Aus allen Richtungen und Zeiten treten die Weisen
in diese Wahrheit ein.
Diese Wahrheit ist jenseits von Raum und Zeit,
ein Gedankenmoment ist zehntausend Jahre.

Allumfassende Leere -
das unendliche Universum liegt vor deinen Augen.
Das Kleinste ist dem Größten gleich,
die Grenzen sind verschwunden.
Das Größte ist dem Kleinsten gleich,
keine Teilung ist sichtbar.
Sein ist Nichtsein, Nichtsein ist Sein.
Vergeude keine Zeit außerhalb der Soheit.

Eins ist alles, alles ist eins.
Wenn du das verwirklichst,
so brauchst du keine Unvollkommenheit zu fürchten.

Der Glaube an den Geist ist „Nicht-Zwei",
„Nicht-Zwei" ist der Glaube an den Geist.
Nur Worte!
Der Weg ist jenseits von Sprache,
denn hier ist
kein Gestern,
kein Morgen,
kein Heute.

Sengcan, 6./7. Jhdt. (?-606)[28]

Das Lied vom Juwelen-Spiegel-Samadhi

Die Lehre von der Soheit
wurde im Vertrauen weitergegeben von Buddhas und Patriarchen.
Jetzt habt ihr sie erlangt, bewahrt sie gut.
Eine Silberschale mit Schnee gefüllt,
ein Silberreiher versteckt im Mondlicht
sie ähneln sich, sind aber nicht gleich;
wenn du sie vermischst, weißt du doch, wo sie jeweils sind.

Die Bedeutung liegt nicht in den Worten,
und doch reagiert es auf den forschenden Antrieb.
Aufgeregt sein wird zur Falle,
wenn du es verfehlst, verfällst du in zurückschauendes Zögern.

Sich abwenden und es berühren -
beides ist falsch, denn es ist eine Feuerkugel.

---

[28] Jianzhi Sengcan ist nach Huike der dritte Nachfolger Bodhidharmas. Er soll dieses Gedicht verfasst haben. Das Jahr und der Ort von Sengcans Geburt ist unbekannt, ebenso wie sein Familienname. Seinen Namen erhielt er von Huike. Es wird gesagt, dass Sengcan an einer Krankheit litt und Huike bat, ihn von dieser Sünde zu befreien. Worauf Huike ihn aufforderte, ihm die Sünde zu bringen. Nach langer Pause soll Sengcan gesagt haben, dass er seine Sünde nicht finden könne und Huike daraufhin erwidert haben soll, dass er ihn davon nun freigesprochen habe.
Nach der Dharma Übertragung der Nachfolge durch Huike soll er ohne festen Wohnraum viele Jahre herumgezogen sein. Von Kaiser Xuan Zong (Tang Dynastie) bekam er den Ehrentitel Jianzi (Spiegel der Weisheit). Sengcan wie Huike waren Anhänger des Lankavatara Sutra, das die die Beseitigung aller Dualität und das „Vergessen von Wörtern und Gedanken" betonte im Sinne eines Betrachtens mit den Augen der Weisheit.(entn. aus Wikipedia)

Es in verzierter Sprache auszudrücken,
gibt es der Befleckung preis.
In der Mitte der Nacht scheint es hell,
in der Morgendämmerung ist es unsichtbar.
Es lenkt die Wesen - sein Gebrauch entfernt alles Leiden.

Obwohl es gestaltlos ist,
ist es dennoch nicht ohne Sprache.
Es ist wie in einen Juwelen-Spiegel zu schauen,
Form und Bild betrachten einander.
Du bist nicht es, es ist in Wirklichkeit du.

Wie ein neugeborenes Kind in der Welt,
in fünf Eigenschaften vollkommen.

Es geht nicht, es kommt nicht,
es richtet sich nicht auf und steht nicht.

„Baba-wawa" - spricht es oder spricht es nicht?

Letztlich begreift es nichts, weil seine Sprache noch nicht klar ist.

Es ist wie die sechs Linien des doppelten Trigramms-Li.
Das Relative und das Absolute sind vereint.
Zusammen ergeben sie drei Paare,
die vollständige Transformation macht daraus fünf.
Es ist wie die Frucht mit den fünf Geschmäcken,
wie der Diamantkeil.
In der Wahrheit subtil vereint,
treffen sich das forschende Fragen und die Antwort.
Innig verbunden mit dem Ursprung und innig verbunden mit dem
Vorgang, schließt es Integration und den Weg ein.

Vermischung heißt Glück, verletze dieses Prinzip nicht.
Natürlicherweise wahr und doch unbegreiflich,
gehört es weder zum Bereich des Irrtums noch zu dem der
Erleuchtung.
In kausalen Bedingungen, Zeit und Gelegenheit, scheint es ruhig
und hell.

In seiner Kleinheit passt es in Raumlosigkeit;
in seiner Größe ist es jenseits jeden Ortes.
Nur eine Abweichung um Haaresbreite
und die richtige Harmonie geht verloren.

Jetzt gibt es die plötzliche und die allmähliche Lehre,
weil grundlegende Lehrsätze aufgestellt wurden.
Sobald diese Lehrsätze klar sind, werden sie zur Regel.
Aber auch wenn die Lehre ganz verstanden wird,
fließt ungestört die ewige Wahrheit.
Äußerlich ruhig, innerlich in Bewegung.
wie ein gefesseltes Fohlen, eine gefangene Ratte -
die Heiligen der alten Tage hatten Mitleid mit ihnen,
und schenkten ihnen die Lehre.
Ihren Illusionen gemäß bezeichneten die das Schwarze als weiß.
Wenn die Illusionen ausgelöscht sind,
realisiert der ergebene Geist sich selbst.

Wenn du dich in den altehrwürdigen Weg einordnen willst,
betrachte die Ehrwürdigen der frühen Zeiten.
Wenn einer sich aufmachte, den Weg der Buddhaschaft zu erfüllen,
starrte er zehn Millionen Jahre lang auf einen Baum.
Wie ein Tiger, der einen Teil seiner Beute zurücklässt,
wie ein Pferd mit weißen Flecken am Hinterbein.
Weil es Minderwertiges gibt,
gibt es den Juwelenschemel und feine Kleidung.
Weil es die aufschreckende Unterscheidung gibt,
gibt es die Katze und den weißen Ochsen.
Yi, mit seiner Kunst des Bogenschießens,
konnte aus hundert Schritten Entfernung sein Ziel treffen.
Doch wenn Pfeile im Flug mit den Spitzen aufeinandertreffen,
was hat das noch mit Kunstfertigkeit zu tun?

Wenn der Mann aus Holz anfängt zu singen,
wenn die Frau aus Stein erhebt sich zum Tanz,
das ist nicht mehr im Bereich von Empfindung oder Unterscheidung.
Wie könnte da Denken zugelassen sein?
Ein Beamter dient dem König, ein Sohn gehorcht dem Vater.

Nicht zu gehorchen verletzt die Kindespflicht,
nicht zu dienen hilft nicht weiter.
Übe im Verborgenen, wirke im Inneren,
erscheine wie ein Narr, wie ein Tor.
Wenn du beständig bleibst,
wirst du ein Meister unter Meistern genannt.

Dongshan Liangjie (807-869)[29]

Die Lehre der sieben Buddhas

SHO AKU MAKU SA   Schade niemandem,
SHU ZN BU GYO   tu immer Gutes,
JI JYO GO I   halte den Herz-Geist rein,
ZE SHO BUK KYO   das ist die Lehre aller Buddhas.

Die drei reinen Gebote

Missachte die Gebote nicht!
Verwirkliche den Dharma!
Rette die vielen Wesen!

Sangemon | Reinigung | Bekenntnis

GA SHAKU SHO ZO SHO AKU GO   All das schlechte Karma, erzeugt
KAI YU MU SHIN TON JIN CHI   durch mich von Alters her, durch
JU SHIN KU I SHI SHO SHO   meine anfangslose Gier, meinen
IS SAI GA KON KAI SAN GE   Hass und meine Verblendung,
                                geboren aus meinem Leib,
                                meinem Mund, meinem Denken.
                                All das bereue ich jetzt.

---

[29] Dongshan Liangjie (jap. Tôzan Ryokai, 807-869). Die Übersetzung ist angelehnt an die englische Fassung von T. Clearly aus *Timeless Spring: A Soto Zen Anthology*.

Die zehn ernsten Gebote

1. Töte nicht!

Bodhidharma: Die Selbst-Natur ist unfassbar und geheimnisvoll.
Im Bereich des immerwährenden Dharma den
Gedanken der Vernichtung nicht aufkommen zu lassen,
ist das Gebot, nicht zu töten.

Dogen Zenji: Die Buddha-Saat wächst in Übereinstimmung damit,
kein Leben zu nehmen. Das ist der Weg in die Weisheit
Buddhas. Zerstöre kein Leben.

2. Stehle nicht!

Bodhidharma: Die Selbst-Natur ist unfassbar und geheimnisvoll.
In dem Bereich des Dharma, wo nichts erreicht werden
kann, den Gedanken an Gewinn oder Verlust nicht
aufkommen zu lassen, wird das Gebot, nicht zu stehlen,
genannt.

Dogen Zenji: Wenn das Selbst und die Dinge nicht unterschieden
werden - sie sind gerade so, wie sie sind - ist das Tor zur
Befreiung offen.

3. Missbrauche nicht Sexualität!

Bodhidharma: Die Selbst-Natur ist unfassbar und geheimnisvoll.
In dem Bereich des Dharma des Nicht-Anhaftens
Gedanken an Anhaften nicht aufkommen zu lassen,
wird das Gebot, Sexualität nicht zu missbrauchen, genannt.

Dogen Zenji: Die drei Räder sind rein und klar. Wenn du nichts hast,
was du begehrst, dann folgst du dem Weg aller Buddhas.

4. Lüge nicht!

Bodhidharma: Die Selbst-Natur ist unfassbar und geheimnisvoll.
In dem Bereich des Dharma, der jenseits allen
Ausdrucks ist, kein einziges Wort zu predigen,
wird das Gebot, nicht zu lügen, genannt.

Dogen Zenji: Das Rad des Dharma dreht sich von Anfang an,
da gibt es weder Überfluss noch Mangel. Das ganze
Universum ist feucht von Nektar, erlangt die Wahrheit,
erlangt die Tatsache.

5. Missbrauche nicht Drogen!

Bodhidharma: Die Selbst-Natur ist unfassbar und geheimnisvoll. In
dem Bereich des wahrhaft reinen und leuchtenden
Dharma Täuschungen nicht aufkommen zu lassen, ist
das Gebot, Drogen nicht zu missbrauchen.

Dogen Zenji: Bring keine Drogen herein, lass andere sich nicht
verunreinigen. Dies ist wirklich das große Licht.

6. Sprich nicht über die Fehler anderer!

Bodhidharma: Die Selbst-Natur ist unfassbar und geheimnisvoll.
Im Bereich des fehlerlosen Dharma nicht die Fehler
anderer herauszustellen, wird das Gebot, nicht im
Reden über die Fehler anderer zu schwelgen, genannt.

Dogen Zenji: Im Buddha-Dharma gibt es einen Weg, einen Dharma,
eine Realisierung, eine Übung, lass das Fehler-Suchen
nicht zu, veranlasse nicht andere, vom Weg abzukommen.

7. Lobe dich nicht selbst, während du andere tadelst!

Bodhidharma: Die Selbst-Natur ist unfassbar und geheimnisvoll.
Im Bereich des gerechten Dharma nicht das Ich gegen
das Du zu setzen, ist das Gebot, sich nicht selbst zu
loben und andere nicht zu missbrauchen.

Dogen Zenji: Buddhas und Lehrer der Vergangenheit haben die Leere
des unermesslichen Himmels und der großen Erde
verwirklicht. Wenn die den großen Körper manifestieren,
sind sie wie der Himmel ohne Innen- und Außenseite.
Wenn sie den Dharma-Körper manifestieren, gibt es
nicht einmal eine Spanne Boden auf der Erde.

8. Halte nicht den Reichtum des Dharma zurück!

Bodhidharma: Die Selbst-Natur ist unfassbar und geheimnisvoll. Im Bereich des Dharma der alles durchdringenden Soheit - wenn man an keinem einzigen Ding gierig hängt, wird dies das Gebot, nicht den Reichtum des Dharmas zurückzuhalten, genannt.

Dogen Zenji: Ein Wort, ein Satz - das sind die zehntausend Dinge und einhundert Gräser. Ein Dharma, eine Realisierung - das sind all die Buddhas und Lehrer der Vergangenheit. Von Anfang an gibt es nichts, um neidig zu sein.

9. Gib deiner Wut nicht nach!

Bodhidharma: Die Selbst-Natur ist unfassbar und geheimnisvoll. Im Bereich des Dharma des Nicht-Ich kein Ich zu behaupten, ist das Gebot, der Wut nicht nachzu-gehen.

Dogen Zenji: Nicht zurückzuziehen, nicht vorwärtsgehen, nicht wirklich, nicht leer. Da ist ein Meer heller Wolken, da ist ein Meer würdevoller Wolken.

10. Lästere nicht über die drei Schätze!

Bodhidharma: Die Selbst-Natur ist unfassbar und geheimnisvoll. Im Bereich des Einen sich nicht an dualistische Konzepte von gewöhnlichen Wesen und Buddhas zu halten, wird das Gebot genannt, über die drei Schätze nicht zu lästern.

Dogen Zenji: Den Dharma mit diesem Körper auszulegen, ist der Hafen und das Wehr dieser Welt. Dies ist das Wichtigste in der Welt. Seine Tugend findet ihr heim im Meer der Wesensnatur. Es ist unausdrückbar. Verehre es, und diene ihm mit ganzem Herzen.

Bendowa

Das Zazen auch nur eines einzigen Menschen

in einem Augenblick

stellt unsichtbare Harmonie mit allen Dingen her

und hallt wider durch alle Zeit.

So trägt dieses Zazen die Wahrheit

in Vergangenheit, Zukunft und Gegenwart

dieses grenzenlosen Universums endlos weiter.

Jeder Augenblick Zazen ist gleichermaßen

Ganzheit der Übung,

Ganzheit der Verwirklichung.

Dies ist nicht nur Üben im Sitzen,

sondern wie ein Hammer, der die Leere anschlägt -

vorher und nachher klingt sein feiner Schlag überall hin.

Wie kann es auf diesen Augenblick beschränkt sein.....

Sitze hingabevoll in Zazen,

lass alle Dinge los.

Dann wirst du über die Grenzen von Verblendung

und Erleuchtung hinausgehen,

und abseits der Pfade des Gewöhnlichen und des Heiligen

wirst du dich augenblicklich frei bewegen können,

außerhalb des gewöhnlichen Denkens,

bereichert von großer Weisheit.

Wenn du dies tust,

wie können dann jene, die sich mit Fischreuse

oder dem Jagdnetz der Worte und Buchstaben abgeben

mit dir verglichen werden!

Dogen Zenji [30](1200-1253)

---

[30] Dogen Zenji war ein berühmter japanischer Zen Mönch, der fünf Jahre in China lebte und dort im Jahr 1225 als 25-jähriger unter Nyojo tiefe Erleuchtung bei der nächtlichen Meditation erfuhr, als Nyojo einen neben Dogen eingeschlafenen Mönch mit den Worten "Warum schläfst du, wenn das, was du in Wahrheit bist, nie schläft!" angeschrieen haben soll. Dabei soll Dogen erfahren haben, dass er selbst das ist, was nie schläft, und Körpergefühl, Ich Gefühl und Verstandesbewusstsein von ihm abgefallen waren. Er soll danach zu Nyojo gegangen sein, um ihm dies mit tiefer Ehrfurcht mitzuteilen. Mehr dazu s.: Besserman, Perle & Steger, Manfred B.: *Zen-Rebellen, Radikale und Reformer.*

Fukanzazengi
- Allgemeine Richtlinien für Zazen

Von Beginn an war der Weg vollkommen gegenwärtig, warum sollten wir ihn erst noch üben und bezeugen müssen? Das Gefährt der Lehre bewegt sich frei und von selbst, welchen Sinn hätte da unser eifriges Üben? Im ganzen Universum gibt es nicht das geringste Staubkorn, wie könnten wir je versuchen, uns selbst durch die Übung zu reinigen? An diesem Ort ist alles offenbar, wohin sollten wir die Füße unserer Übung richten? Wenn du auch nur ein Haarbreit von Unterscheidung machst, wird sich eine Kluft wie zwischen Himmel und Erde auftun. Wenn du dem einen folgst und dem anderen widerstrebst, wird dein Geist wie Pulver vom Wind verweht. Auch wenn du stolz auf dein Wissen und deine große Erleuchtung bist, auch wenn deine intuitive Weisheit Buddha erschaut hat und du den Weg erlangt und den Geist geklärt hast, selbst wenn deine entschlossene Gesinnung zum Himmel durchbricht: Selbst dann zappelst du nur so wie einer, der mit dem Kopf in der Schale feststeckt, während der Leib den Ausweg zum Leben fast vollkommen vergessen hat. Shakyamuni wurde als Weiser geboren. Dennoch saß er für sechs Jahre im Gion-Park. Siehst du seine Spuren nicht? Bodhidharma brachte das Siegel des Geistes aus Indien. Hörst du nicht das Echo der neun Jahre, die er im Shorin-Tempel gegen die Wand gerichtet saß? Wenn es selbst bei den Alten so war, wie könnten wir Heutigen uns da vor der Übung drücken? Suche nicht nach Buchstaben, verstricke dich nicht in Worte, lass endlich ab von deinen Kommentaren. Dreh' das Licht um und beleuchte dich selbst, lerne, einen Schritt zurück zu tun. Von selbst werden sich Körper und Geist lösen, dein Urangesicht wird ganz offenbar. Wenn du die Dinge sehen willst, so wie sie sind, musst du – hier und jetzt – ganz du selbst sein, so wie du bist.

Für die Zen-Übung ist ein stiller Ort geeignet. Halte Maß beim Essen und Trinken und löse dich aus allen Bindungen, lasse die zehntausend Angelegenheiten ruhen. Denke nicht an „gut" und „böse", urteile nicht über

„richtig" oder „falsch". Dein Geist und Bewusstsein drehen sich im Kreis – lass sie zur Ruhe kommen.

Hör auf, alles mit deinen Gedanken und Meinungen abzuwägen. Versuche auch nicht einen Buddha aus dir zu machen, gib dich nicht ab mit „sitzen" oder „liegen".

Breite eine dicke Sitzmatte aus. Darauf lege dein Sitzkissen. Sitze entweder im halben Lotossitz oder im vollen Lotossitz. Beim vollen Lotossitz lege den rechten Fuß auf den linken Oberschenkel und dann den linken Fuß auf den rechten Oberschenkel. Beim halben Lotossitz lege einfach den linken Fuß auf den rechten Oberschenkel. Trage dein Gewand locker und ordentlich. Lege die rechte Hand auf den linken Fuß und die linke Hand auf die rechte Hand. Die Spitzen der beiden Daumen sind gegeneinander gestützt. Sitze gerade, in der richtigen Haltung. Sitze nicht nach links oder rechts gekrümmt, vornüber gebeugt oder zurückgelehnt. Ohren und Schultern sollten in einer Linie sein, während die Nase in einer Linie mit dem Nabel ist. Die Zunge sollte am Gaumen anliegen. Halte Lippen und Zähne geschlossen und die Augen stets geöffnet. Atme leise durch die Nase. Ist der Körper auf diese Weise eingestimmt, dann atme einmal tief durch den Mund aus. Schwinge deinen Oberkörper erst nach links und rechts. Dann sitze reglos wie ein mächtiger Berg in Konzentration und denke auf dem Grund des Nicht-Denkens. Wie denkt man auf dem Grund des Nicht-Denkens? Es ist die Loslösung vom Denken (Undenken). Dies macht die Kunst des Zazen aus.

Zazen ist keine Meditationstechnik – es ist das Dharmator großer Zufrieden- und Gelassenheit. Es ist das übende Erweisen des endlosen Dharmaweges. Hier verwirklicht sich das offenbare Geheimnis, es gibt kein Netz mehr, in dem du dich verfangen könntest. Wenn du dir dies zu eigen gemacht hast, bist du wie ein Drache, der zurück ins Wasser taucht, du bist wie ein Tiger, der durch die Berge streift. Die wahre Lehre verwirklicht sich von selbst, und deine Müdigkeit und Zerstreutheit werden sich auflösen. Wenn du aus Zazen aufstehst, bewege deinen Körper erst langsam, und richte dich dann in Ruhe auf. Tue es nicht Hals über Kopf. Siehe, dass all die, die über das Gewöhnliche wie das Ungewöhnliche hinausgehen und im Sitzen wie im Stehen sterben, sich dieser einen Kraft überlassen. Das gilt auch für den Finger und den Mast, die Nadel und den Schlegel, mit denen das Rad der Lehre gedreht wurde. Der Erweis, der mit dem Wedel und der Faust, dem Stock und dem Schrei erbracht wurde, lässt sich durch Gedanken und Urteile nicht verstehen. Wie sollte ihn je einer erkennen, der sich mit übendem Erweisen um das Erlangen übernatürlicher Kräfte bemüht? Dein Handeln muss sich von Klang und Gestalt lösen, es muss sich auf die Ordnung gründen, die vor intellektuellem Sehen und Verstehen liegt. Mache dir keine Gedanken darüber, ob du mehr weißt als die anderen oder nicht. Glaube nicht, dass der Kluge besser ist als der Dumme. Gib dich einfach hin an die Übung: Das ist es, was Beschreiten des Weges genannt wird. Nichts könnte das übende Erweisen beflecken - sich nach dem Weg zu richten bedeutet, den Alltag zu leben. In dieser wie in allen anderen Welten, in Indien wie in China, wird das Buddhasiegel auf gleiche Weise bewahrt, und der Wind der Wahrheit weht frei und ungehindert. Gib dich einfach hin an das Sitzen, geh auf imunbeweglichen Zustand des Zazen. Auch wenn es tausend Wege mit zehntausend Unterschieden gibt, beschreite den einen Weg indem du einfach nur Zen übst. Welchen Sinn hat es, das Sitzkissen bei dir zuhause zu verlassen, um in der Fremde umherzuirren? Ein falscher Schritt, und du wirst den Boden unter deinen Füßen verlieren. Als Mensch geboren, hast du die seltene Gelegenheit den Weg zu gehen – verschwende deine Zeit nicht!

Dem Buddhaweg in diesem Leben begegnet – wie könntest du die Gelegenheit ungenutzt lassen und fliegenden Funken nachblicken? Dein Leben ist wie der Tau am Gras. Das Schicksal schlägt zu wie ein Blitz. Dein Körper hat keinen Bestand, in einem Augenblick musst du ihn aufgeben. Ich hoffe, dass du, der du die Lehre so gelernt hast wie ein Blinder, der an einem Elefanten tastet, nicht in Angst und Schrecken versetzt wirst, wenn du dem wirklichen Drachen begegnest. Übe den direkten Weg der Wahrheit mit Leib und Seele, respektiere den Müßiggänger, der jenseits jeden Lernens ist. Teile die Weisheit mit Buddhas und Buddhas, erbe das Samadhi von Patriarchen und Patriarchen. Auf diese Weise geübt - auf diese Weise verwirklicht. Die Schatzkammer öffnet sich selbst - es liegt an dir, sie auszuschöpfen.

Dogen Zenji

Den Weg ergründen

Den Weg ergründen heißt sich selbst ergründen.
Sich selbst ergründen heißt sich selbst vergessen.
Sich selbst vergessen heißt
eins mit den zehntausend Dingen sein.
Eins mit den zehntausend Dingen sein,
heißt Körper und Geist von sich selbst
und Körper und Geist von der Welt um sich fallen lassen.
Die Spuren des Erwachens ruhen im Verborgenen,
und die im Verborgenen ruhenden Spuren des Erwachens
entfalten sich über einen langen Zeitraum.
Wenn ein Mensch zu Anfang den Dharma sucht,
ist er noch meilenweit von ihm entfernt.
Aber sobald der Mensch und der Dharma
zu einer Einheit werden,
ist der Mensch augenblicklich eins
mit seinem ursprünglichen Wesen.

Dogen Zenji

Bodhisattva Gelübde

Sehe ich mit den Augen der Weisheit die wirklichen Formen von dem, was ist -
eben alles ist die vollständige Form der Wahrheit Tathâgathas;
in jedem Ereignis, in jedem Moment, jedem Ort-
nichts anderes als unausdenkbares Licht.
So haben die Lehrer der Vergangenheit alles, selbst Vögel und Vieh,
mit andächtigem, verehrendem Herzen geliebt und geschützt;
so ist unser Essen und Trinken und die schützende Kleidung
immer lebendige Haut und das Fleisch des Buddha
und seiner gnädigen Inkarnationen.
Wer wagt es, da nicht voller Verehrung und dankbar zu sein!
Schon den Dingen, die ohne Herzen sind, wird Gnade geschenkt -
wie viel mehr an Gnade und Rücksicht gerade den törichten Menschen!
Selbst wenn es einer wäre voll Rachsucht, ein schlimmer Feind,
voller Vorwürfe, der mich quälte -
so ist eben dies des verkörperten Boddhisattva große Gnade,
ein Mittel zur Erlösung und zur Befreiung von Sünden,
angehäuft durch zahllose Zyklen von Kalpas
durch eigenen Egoismus, begehrendes Anhaften und Täuschung.
Wer so versteht, bescheiden spricht und aus reiner Verehrung,
wer tief reinen Glauben entstehen lässt,
sich gänzlich verlässt auf den Buddha und bescheiden sein Wort hört -
dem öffnen sich Lotosblüten aus den Gedanken,
und in jeder Blüte wird sich ein Buddha verwirklichen.
Verherrlicht werden kann überall Sukhavati, das reine Land,
und deutlich zu sehen ist das Licht des Tathâgatha.
Ich wünsche, dass dieses Herz über all die Lebewesen sich ausdehnt,
damit wir gemeinsam mit allen die Erkenntnis-Samen
der Erleuchtung vollkommen verwirklichen.

Tōrei-Zenji (1712-1792[31])

---

[31] Tōrei-Zenji (1712-1792), Schüler und Mitarbeiter von Hakuin Ekaku (1685-1768).
Hakuin war ein großer Reformer der japanischen Rinzai-Zen Schule. Torej Zenji
ordnete sein System.

Hakuins Loblied auf Zazen

Alle Wesen sind der Natur nach Buddha,

so wie Eis der Natur nach Wasser ist.

Getrennt vom Wasser gibt es kein Eis,

getrennt von den Wesen nicht Buddha.

Wie traurig, dass die Menschen das Nahe nicht sehen und die

Wahrheit weit in der Ferne suchen!

Wie einer, der mitten im Wasser aufschreit vor Durst.

Wie ein Kind aus reichem Haus, das umherirrt unter den Armen.

Verloren auf den dunklen Pfaden der Unwissenheit wandern wir

durch die sechs Welten,

von dunklem Pfad zu dunklem Pfad.

Wann werden wir frei von Geburt und Tod?

Oh das Zazen des Mahayana! Ihm sei das höchste Lob!

Die vielen Tugenden: Lobpreis, Reue, Übung - die vielen Gebote:

Alle entspringen sie aus Zazen!

Selbst wer nur ein Sitzen vollendet, löscht anfangslose Schuld.

Wo sind dann die Pfade des Übels? Das Reine Land ist ganz nahe.

Wer diese Wahrheit auch nur einmal voll Demut hört,

sie schätzt und verehrt, findet ewige Glückseligkeit ohne Grenzen.

Wer sein Auge wahrhaft nach innen wendet und die Selbst-Natur bezeugt,

die Selbst-Natur, die Nicht-Natur ist, geht weit über das Denken hinaus.

Dann ist das eigene Wesen nichts anderes als die Natur des

vollendeten Nichts.

Weit öffnet sich das Tor der Einheit von Ursache und Wirkung.

Der Weg jenseits noch Nicht-Zwei und Nicht-Drei geht geradeaus.

Deine Gestalt ist die Gestalt des Gestaltlosen:

Kommen und Gehen sind nirgendwo sonst.

Eintreten in Denken das Nicht-Denken ist.

Singen und Tanzen sind die Stimmen der Wahrheit.

Wie grenzenlos und frei ist der Himmel der Geistesstille.

Wie leuchtend der volle Mond vierfacher Weisheit.

Fehlt da noch etwas in diesem Augenblick? Nirvana ist hier unmittelbar.

Genau dieser Platz ist das Lotosland, genau dieser Körper der Buddha.

Zen-Meister Hakuin (1686-1769)

Über die Atmung

Die Atmung soll stets den Raum zwischen Nabel und Lenden ausfüllen.

Auch wenn weltliche Angelegenheiten [...] uns hindern, sollte die Kraftquelle drei Cun (drei Finger breit) unterhalb des Nabels sein und sich natürlicherweise mit lebensspendendem Atem füllen.

Zu keiner Zeit sollte man davon ablassen.

Dieser Bereich sollte entspannt hängen und rundlich wirken, ähnlich eines Balls.

Wenn sich jemand diese Art der Atmung aneignet, kann er den ganzen Tag ohne müde zu werden meditieren, er kann von morgens bis abends Sutras rezitieren ohne zu ermüden, er kann ohne zu ermüden schreiben, ununterbrochen sprechen, arbeiten, ohne zu ermüden.

Seine Geisteskraft und Vitalität werden allmählich stärker werden. Im Sommer wird er nicht schwitzen, im Winter nicht frieren, Socken tragen oder sich wärmen müssen.

Sollte er 100 Jahre alt werden, werden seine Zähne fest und gesund bleiben.[...] Ist jemand vollkommen geworden in der Übung, gibt es nichts, was er nicht leisten könnte.

Kein Samadhi, das er nicht erreichen und keine tugendhafte Tat, die er nicht erfüllen könnte.

Zen-Meister Hakuin

Die fünf Gewissheiten

1.   Ich kann dem Altwerden nicht entkommen
2.   Ich kann dem Krankwerden nicht entkommen
3.   Ich kann dem Sterben nicht entkommen
4.   Alles unterliegt der Veränderung, ich kann nichts festhalten.
   Mit leeren Händen komme ich, mit leeren Händen gehe ich.
5.   Nur meine [nächsten; Anm. d. Übers.] Handlungen gehören mir.
   Sie sind der Grund, auf dem ich stehe.

Ich kann den Konsequenzen meiner Handlungen nicht entkommen.

Machen wir uns die fünf Gewissheiten täglich bewusst, um unsere Ängste einzuladen, sie anzuerkennen und zu umarmen. Wenn wir der Angst begegnen, können wir uns um unsere Wut besser kümmern. Angst belebt unseren Ärger. Es gibt keinen Frieden in Angst. Angst ist der Boden, auf dem Ärger wächst. Angst beruht auf Unwissenheit und Verblendung. Fehlendes Verstehen ist die Grundlage der Wut. (frei nach Thich Nhat Thanh aus: Reconciliation – Healing the inner Child / Versöhnung – Heilung für das innere Kind)

Buddha, übersetzt nach Thich Nhat Thanh[32]

Bitte ruf mich bei meinen wahren Namen

Sage nicht, dass ich morgen gehe -
denn ich komme auch heute noch an.

Schau - jede Sekunde komme ich an
um eine Knospe zu sein an einem Frühlingszweig,
um ein kleiner Vogel zu sein, mit noch so zarten Flügeln
lerne ich singen in meinem neuen Nest,
um eine Raupe zu sein im Herzen einer Blume,
um ein Juwel zu sein, verborgen in einem Stein.

Ich komme noch an, um zu lachen und zu weinen,
zu fürchten und zu hoffen.

Der Rhythmus meines Herzens ist Geburt und Tod
von allem was lebt.

Ich bin die Eintagsfliege, sich verwandelnd
auf der Oberfläche des Flusses.
Und ich bin der Vogel,
der im Sturzflug die Eintagsfliege schluckt.

---

[32] Thich Nhat Thanh (1926-2022), in Vietnam geboren, ist als buddhistischer Lehrer, Friedensaktivist, Dichter und Vertreter eines engagierten Buddhismus weit über buddhistische Kreise hinaus bekannt geworden. 1967 schlug Martin Luther King jr. ihn für den Friedensnobelpreis vor.

Ich bin ein Frosch, der glücklich
im klaren Wasser des Teichs schwimmt.
Und ich bin die Grasschlange,
die sich geräuschlos vom Frosch nährt.

Ich bin das Kind in Uganda, nur Haut und Knochen,
meine Beine dünn wie Bambusstecken.
Und ich bin der Waffenhändler,
der tödliche Waffen nach Uganda verkauft.

Ich bin das zwölfjährige Mädchen,
Flüchtling auf einem kleinen Boot,
das sich in den Ozean stürzt,
nachdem es von einem Seeräuber vergewaltigt wurde.
Und ich bin der Seeräuber,
mein Herz ist noch imstande
zu sehen und zu lieben.

Meine Freude ist wie der Frühling, so warm,
dass Blumen über die ganze Erde erblühen.
Mein Schmerz ist wie ein Tränenstrom,
so unendlich groß, dass er alle vier Meere füllt.

Bitte ruf mich bei meinen wahren Namen,
so dass ich auf einmal all meine Schreie
und all mein Lachen hören kann,
so dass ich sehen kann, meine Freude
und mein Schmerz sind eins.

Bitte rufe mich bei meinen wahren Namen,
so dass ich erwachen kann,
und die Tür meines Herzens
offen bleiben kann,
die Tür des Mitgefühls.

Thich Nhat Hanh (1926-2022)

Gautama Buddha
Die Erscheinungen werden vom Herzen angeführt

Die Erscheinungen werden vom Herzen angeführt,
vom Herzen beherrscht,
vom Herzen hervorgebracht.
Wenn ihr mit verdorbenem Herzen
sprecht oder handelt,
folgt euch Leid -
wie das Rad des Wagens
der Spur des Ochsens,
der ihn zieht.
Die Erscheinungen werden vom Herzen angeführt,
vom Herzen beherrscht,
vom Herzen hervorgebracht.

Wenn ihr mit ruhigem, klarem Herzen
sprecht oder handelt,
folgt euch Glück,
wie ein Schatten,
der nie weicht.

Aus: Reden des Buddha

Die Erfahrung des Chosetsu Shûsai

Hell strahlendes Licht
erleuchtet still das unendliche Weltall.
Heilige, gewöhnliche Menschen und sonstige Lebewesen -
alle leben in ein- und demselben Haus.
Kommt kein Gedanke auf,
ist die vollkommene Einheit klar manifestiert.
Regen sechs Sinne sich auch nur ein bisschen,
ist alles von Wolken verhangen.
Will man verblendete Leidenschaften abschneiden,
verstärkt sich die Krankheit um so mehr.
Will man sich der absoluten Wirklichkeit nähern,
ist auch das verkehrt.
Folgt man treu dem Lauf der weltlichen Zusammenhänge,
gibt es kein Hindernis.
Nirvana, Leben und Tod
sind nichts als leere Blumen.

Chosetsu Shûsai (um 900)

Gewissheit des Mahamudra

Wenn jemand im eigenen Geist sich besinnt
auf den ursprünglichen Zustand seines Geistes,
lösen sich alle trügerischen Gedanken
in das Reich der letzten Wirklichkeit wie von selbst auf.
Niemand ist mehr zu finden, der Leiden verursacht,
und niemand, der leidet.
Das erschöpfendste Studium der Sutren
lehrt uns nicht mehr als dies Eine.

Ich, der Yogi Milarepa, sehe das Wesen;
hüllenlos liegt es vor meinem staunenden Blick.
Ich sehe, was jenseits aller Worte ist,
klar wie den reinen Himmel.

Indem ich alles loslasse,
sehe ich die Wirklichkeit.
Indem ich gelöst in Frieden ruhe,
erkenne ich die Leere von Allem und Jedem.

Ich entspanne und löse mich
und gelange in das Reich des Selbst;
ich lasse los, und im Vorüberfließen des Gewahrseins
werden das Reine und Unreine eins.

Weil ich nach nichts suche,
sind alle Gedanken und Vorstellungen abgeschnitten;
seit ich erkannt habe, dass Buddha und mein Geist eins sind,
sehne ich mich nicht länger nach Vollendung.

Wie die Sonne die Finsternis vertreibt,
so schwinden, wenn die Verwirklichung sich herniedersenkt,
alle Leidenschaften und Begierden wie von selbst.

Wer seinen Geist, ohne abgelenkt zu werden,
zu erschauen vermag,
der bedarf keiner Worte mehr und keines Geredes.

Wer in das Selbst-Gewahrsein versinken kann,
der hat es nicht nötig, steif dazusitzen, gleich einem Leichnam.
Wer das Wesen aller Erscheinungen erkennt,

dem schwinden die Begierden von selber ins Nichts.
Wer kein Begehren und keinen Hass mehr im Herzen trägt,
der braucht nicht zu heucheln oder aufzutrumpfen.

Die große Weisheit der Erleuchtung,
die Samsara und Nirvana weit hinter sich lässt,
der Wille erzwingt sie nicht,
sie kann nur errungen werden mit dem Segen und der Hilfe
des Wahrers der echten Überlieferung.

Ob du gehst, sitzt oder schläfst,
immer blick' auf deinen Geist,
pausenlos und ohne Unterbrechung;
das ist eine Übung, die die Mühe lohnt.

Milarepa (1052-1135)

Alle Dinge sind vergänglich

Wo es Schönheit gibt, da gibt es auch Hässlichkeit;
Wo es Richtig gibt, da gibt es auch Falsch.
Weisheit und Unwissenheit bedingen einander,
Illusion und Erleuchtung kann man nicht trennen.
Dies ist eine alte Wahrheit;
Glaube nicht, sie sei erst jetzt entdeckt worden.
„Ich will dies, ich will jenes" -
Das ist nichts als Dummheit.
Ich will dir ein Geheimnis verraten:
„Alle Dinge sind vergänglich!"

Ryōkan (1758-1831)

Epilog

Ich bin Brahman, Freud und Leid sind mir fremd,
ich sehne mich nach nichts, und nichts schreckt mich ab.
Ich bin in allen Farben, in Blüte und Blatt,
ich bin Hügel und Strom, Berggipfel und Tal.
Ich bin das Ureigenste von allem.

Wenn alle Vorstellungen und Empfindungen schweigen,
verbleibe ich als transzendente Wirklichkeit.
Ich bin das Unwandelbare, ohne Namen und Gestalt.
Ich bin das Selbst, Ausgangspunkt und Urgrund allen Seins,
ständig zugegen.
Die Basis aller Erfahrungen, das Licht,
das alles Erkennen ermöglicht, bin ich.

Als Indra regiere ich die Welt,
als Abt leite ich das Kloster, das mir zugewiesen ist.
Als Mensch bin ich der Mann und die Frau,
der Jüngling und das Mädchen.
Als Seele bin ich uralt,
und im immer wiedergeborenen Leib bin ich ewig jung.
Als Atman breite ich die Welt vor mir aus
wie das Kind sein Spielzeug.

Ich bin der Duft der Blumen
und die Farbe der Blütenblätter,
ich bin das, was alle Formen begreift und das,
was alles Wahrgenommene wahrnimmt.
Ich bin der Inbegriff aller Vorstellungen.
Was es auch an Veränderlichem
oder Unveränderlichem geben mag,
ich bin dessen innerstes Herz,
wunschlos und ungebunden.

Wie das Urelement der Feuchtigkeit
in den verschiedenen Formen des Wassers

alles Wachstum durchdringt,
so durchdringt mein Wesen die ganze Natur.
Als Bewusstsein belebe ich das Innerste aller Wesen und Dinge,
mein Wille verleiht ihnen Gefühl und Empfinden.

O gewaltiger, unendlicher Geist,
ich neige mich vor Dir als meinem Selbst!
Ich versinke in Dir wie im gewaltigen Meer der Weltflut!

Die irdische Welt ist mir zu klein geworden,
wie das Nadelöhr zu klein ist für den Elefanten.
Ich, der Ungeborene und Ungeschaffene,
erhebe mich triumphierend über die vergängliche Welt.

Shankara (788-820)

Suche es nirgendwo sonst

Suche es nirgendwo sonst. Sonst läuft es weg von Dir!
Jetzt wo ich allein wandle, treffe ich es überall.
Es ist sogar jetzt ich selbst. Ich bin sogar jetzt nicht was es ist.
Nur wenn man es so versteht, gibt es wahres Einssein mit der
Soheit.

Dongshan Liangjie (Tozan Ryokai)
chinesischer Mönch (807 - 869)

Samadhi

Im Samadhi ist der Übende ganz verschmolzen mit der Übung selbst.

Der Meditierende erlebt ein tiefes Gefühl der Beseligung, die stärker
ist als sonst im Alltag möglich und stärker als sexuelle oder andere
Lustbefriedigungen.

Der Meditierende erlebt beständig die Gegenwart eines großen
inneren Leuchtens, oder Erleuchtet-Seins und sieht das Universum
als ein riesiges Ganzes, voll durchscheinend und licht.

Im fortgeschrittenen Zustand steigt kein Gedanke mehr auf und man erreicht den Zustand des Nicht-Denkens. Es ist ein stabiles, leuchtendes Gewahrsein in Ruhe, ein So-sein, ein Nur-da-sein. (Buddha = Tathâgatha)

Der Atem steht (chin. Chi she) und Geist und Materie verschmelzen. Der Körper wird von Chi/Prana/Geist direkt genährt, weil er darin weilt.

Zhang Chengji (1920-1988[33])

Der Weg des Mitgefühls
(Sutta-Nipata Buddhas)

So soll der handeln, der das Heil erstrebt,
nachdem die STILLE STÄTTE er erkannt:
Er sei energisch, aufrecht, unbeirrt,
doch sanft und ansprechbar und ohne Stolz.
Genügsam sei er und bescheiden,
betriebsam nicht, doch aber klug.
Er zügle immer seine Sinne und habe leicht genug.
Sie mögen glücklich und voll Frieden sein,
Die Wesen alle! Glück erfüll` Ihr Herz!
Was es an Lebewesen hier auch gibt,
Die schwachen und die starken, restlos alle;
Mit langgestrecktem Wuchs und groß an Körper,
Die mittelgroß und klein, die zart sind oder grob.
Die sichtbar sind und auch die unsichtbaren,
Die ferne weilen und die nahe sind,
Entstandene und die zum Dasein drängen, -
Die Wesen alle: Glück erfüll` ihr Herz!
Keiner soll den anderen hintergehen;

---

³³ Zhang Chengji war ein bedeutender buddhistischer Gelehrter und Philosoph, im Westen vor allem unter dem Namen C. C. Chang bekannt.

Weshalb auch immer, keinen möge man verachten!
Aus Ärger und aus feindlicher Gesinnung
soll Übles man einander nimmer wünschen!
Wie eine Mutter ihr eigenes Kind,
ihr einzig Kind mit ihrem Leben schützt,
so möge man zu allen Lebewesen,
entfalten ohne Schranken seinen Geist!
Voll Güte zu der ganzen Welt,
entfalte ohne Schranken man den Geist:
Nach oben hin, nach unten, quer inmitten,
von Herzens-Enge, Haß
und Feindschaft frei!
Ob stehend, gehend, sitzend oder liegend,
wie immer man von Schlaffheit frei,
Auf diese Achtsamkeit soll man sich gründen.
Als göttlich Weilen gilt dies schon hienieden.
Om tat sat (Aum – das ist die Wahrheit).

Tonglen
zu den sechs Mitgefühlsarten

Erste Übung:

Mitgefühl in sich kultivieren heißt, sich nicht deklassifizieren, abwerten, unzufrieden sein mit sich und dem was man leistet. Nicht sich zu überfordern, sich zu knechten, sich mit dem, was andere besser machen zu vergleichen und zu verurteilen. Mitgefühl und Liebe zu uns selbst heißt auch, dankbar zu sein für jeden Atemzug, für unseren Körper, der uns geschenkt wurde, um uns durch dieses Leben zu tragen. Er ist die Grundlage für die Liebe zu anderen und auch für die universelle Liebe. Wer nicht gut zu sich selbst ist, kann auch nicht gut zu anderen sein. Wer keine Freude hat an sich selbst, kann auch keine Freude an anderen empfinden.

Wir atmen einige Male in unserer Vorstellung heilsames Licht für uns ein und das Dunkle in uns aus.

Zweite Übung:

Mitgefühl für Menschen entwickeln, die wir lieben oder geliebt haben. Freunde, Bekannte, Partner, Kinder, Verwandte, andere Lebewesen.

Nehmen Sie nun mit der Vorstellung von dunklem "Rauch" all das Negative von ihren Freunden auf und atmen Sie Licht und Heilung zu ihnen hin aus. Machen Sie das einige Male für jede Person bzw. stellvertretend für einige von ihnen.

Dritte Übung:

Mitgefühl und Liebe für andere entwickeln, die wir nicht kennen, oder nicht gut kennen, die uns nicht so nahestehen. Auch zu Menschen, die uns anvertraut wurden, für die wir verantwortlich sind, um die wir uns kümmern müssen, oder die unseren Schutz brauchen. Hierunter fallen auch Arbeitskollegen, Sportfreunde und kurze Begegnungen auf der Straße.

Wir atmen einige Male in unserer Vorstelllung das Negative, Kranke, Dunkle von Personen ein, die vor unserem inneren Auge erscheinen und atmen Licht und heilende Schwingungen dorthin aus.

Vierte Übung:

Mitgefühl entwickeln zu Menschen und Lebewesen, die wir gar nicht kennen. Von denen wir erfahren über Medien, über andere, die wir auf der Straße leiden sehen.

Wir atmen einige Male in unserer Vorstelllung das Negative, Kranke, Dunkle von Personen ein, die vor unserem inneren Auge erscheinen und atmen Licht und heilende Schwingungen dorthin aus.

Fünfte Übung:

Mitgefühl und Liebe entwickeln zu Menschen, die uns feindlich begegnen, oder die uns tief verletzt haben. Das ist die schwierigste Übung. Vielleicht hilft es, wenn wir uns in die Position oder die Gedanken des anderen versetzen und nachfühlen, warum er dies oder jenes getan hat. Vielleicht entdecken wir, dass wir nur Stellvertreter sind für bestimmte Verhaltensmuster eines anderen, die jeden treffen könnten. Mit einer verstehenden Haltung ist es leichter, Abstand zu bekommen. Feinde müssen deshalb keine Freunde werden. Kränkung und Wut trifft uns selbst am meisten. Wir leiden psychisch und körperlich. Daher ist es besser all die Abwehr und Ablehnung in Neutralität zu verwandeln. Buddhisten sehen in den Feinden Bodhisattvas, Helfer für unsere geistige Entwicklung zur Überwindung des Ichs.

Wir atmen einige Male in unserer Vorstelllung das Negative, Kranke, Dunkle von Personen ein, die vor unserem inneren Auge erscheinen und atmen Licht und heilende Schwingungen dorthin aus.

Die sechste Übung:

Liebe und Mitgefühl für die eigene Vergänglichkeit, das eigene Sterben und das anderer Menschen zu entwickeln. Wenn wir trauern sind wir im Schmerz mit dem anderen verbunden, nicht in der Liebe. Wenn wir um unser Leben und den Verlust der körperlichen Leistungsfähigkeit trauen, sind wir im Gram gebunden und der Schmerz über den Verlust der Unversehrtheit wird noch größer. Wenn es keinen Tod gäbe, würde sich der Mensch ganz und gar mit seinem Körper verbunden fühlen und nie die Erfahrung machen, was er ohne seinen Körper noch ist. Den Tod als ein Geschenk zu begreifen und sich geistig zu erfahren bedeutet, sich einer Liebe zu vergewissern, die weit über den Tod hinausgeht. Je tiefer die Liebe desto schwächer die Trauer. "Die Liebe wird in dem Maße unsterblich gemacht, in dem es gelingt, das Unsterbliche in uns und in jedem Menschen über alles zu lieben." (Pietro Archiatis).

(Zusammenstellung: Der Verfasser)

Regeln für den Alltag
des koreanischen Zen-Meisters Kyong Ho

1. Verlange nicht nach vollkommener Gesundheit. Völlige Gesundheit
    führt zu Habsucht und vielen Wünschen.
    Deshalb sagte ein Altehrwürdiger: „Verwandle das Leid des
    Krankseins in gute Medizin."

2. Hoffe nicht auf ein Leben ohne Probleme. Ein problemloses Leben
    erzeugt einen verurteilenden und müßigen Geist.
    Deshalb sagte ein Altehrwürdiger: „Nimm die zum Leben gehörenden
    Ängste und Schwierigkeiten an."

3. Glaube nicht, der geistliche Übungsweg sei ohne Hindernisse. Der
    erleuchtungssuchende Geist brennt sich ohne Hindernisse aus.
    Deshalb sagte ein Altehrwürdiger: „Finde Befreiung inmitten der
    Schwierigkeiten."

4. Bei ernsthafter Übung erwarte nicht, von seltsamen Erfahrungen
    verschont zu bleiben. Angestrengte Übung, die dem Unbekannten
    ausweicht, zeugt von mangelnder Entschlusskraft.
    Deshalb sagte ein Altehrwürdiger: „Stärke ernsthaftes Üben durch
    das Befreunden jeglichen Dämons."

5. Erwarte nicht, etwas leicht zu Ende führen zu können. Fällt dir etwas
    leicht zu, wird es den Willen schwächen.
    Deshalb sagte ein Altehrwürdiger: „Versuche immer wieder, das
    Angefangene zu vollenden."

6. Erwirb dir Freunde, ohne persönliche Vorteile zu erwarten.
    Freundschaft aus Eigennutz verletzt das Vertrauen.
    Deshalb sagte ein Altehrwürdiger: „Durch Reinheit des Herzens
    kommst du zu einer lang andauernden Freundschaft."

7. Erwarte nicht Befolgung deiner Anweisungen. Ein gehorsames
    Gefolge führt zu Stolz.
    Deshalb sagte ein Altehrwürdiger: „Strebe danach, Frieden unter den
    Menschen zu stiften."

8. Erwarte keinen Dank für eine gute Tat. Etwas im Gegenzug zu erwarten, führt zu einem berechnenden Geist.
    Deshalb sagte ein Altehrwürdiger: „Verwirf falsche Frömmigkeit wie ein paar alte Schuhe."

9. Suche keinen Profit über den Wert deiner Arbeit hinaus. Wer nach falschem Profit strebt, macht sich selbst zum Narren.
    Deshalb sagte ein Altehrwürdiger: „Sei reich in Ehrlichkeit."

10. Versuche nicht, durch überstrengte Übung die Klarheit des Geistes zu erzwingen. Jeder Geist wird irgendwann solche Strenge verachten.
    Und wo ist Klarheit des Geistes in Selbstkasteiung zu finden?
    Deshalb sagte ein Altehrwürdiger: „Schaffe einen Tunnel durch die Strenge hindurch."

11. Zeige dich jeglichem Hindernis gewachsen. Dadurch gelangte der Buddha ohne Behinderung zur Erleuchtung. Wahrheitssucher sind im Umgang mit Widrigkeiten geschult. Ein daherkommendes Hindernis kann sie nicht besiegen. Sich frei fechtend, erlangen sie großen Reichtum.

Zen-Meister Kyong-Ho (1849-1912)

Der Dalai Lama zum neuen Jahrtausend
- Lebens-Lehren -

1. Rechne mit ein, dass Liebe und große Leistungen auch großes Risiko bedeuten.

2. Wenn Du auch mal verlieren solltest, verliere nicht das Gelernte.

3. Befolge diese drei: Respekt für Dich selbst, Respekt für andere und Verantwortlichkeit für alles, was Du tust.

4. Erinnere Dich daran, dass „nicht zu bekommen, was Du wolltest" manchmal ein wunderbarer Glücksfall war.

5. Lerne die Regeln, damit Du weißt, wie man sie auf die richtige Weise bricht.

6. Lass nicht zu dass ein kleiner Streit eine Freundschaft zerstört.

7. Wenn Dir klar wird, dass Du einen Fehler gemacht hast, unternimm sofort etwas, um ihn zu korrigieren.

8. Verbringe an jedem Tag einige Zeit ganz allein.

9. Öffne Deine Arme dem Wandel aber bleibe Deinen Werten treu.

10. Denk dran, dass manchmal Schweigen die beste Antwort ist.

11. Lebe ein gutes, ehrenwertes Leben. Wenn Du dann älter wirst und zurückdenkst, kannst Du es ein zweites Mal genießen.

12. Eine liebevolle Atmosphäre zuhause ist die Basis Deines Lebens.

13. In Zwistigkeiten mit Deinem Partner kümmere Dich nur um die gegenwärtige Situation. Lass die Vergangenheit aus dem Spiel.

14. Teile Dein Wissen mit. Das ist ein Weg zur Unsterblichkeit.

15. Geh behutsam um mit der Erde.

16. Gehe einmal im Jahr an einen Ort, an dem Du noch nie warst.

17. Denk dran, dass die beste Beziehung die ist, in der die Liebe zueinander größer ist als das Einander-Brauchen.

18. Miss Deinen Erfolg daran, was Du dafür aufgeben musstest, um es zu bekommen.

19. Sei äußerst wählerisch in der Liebe wie beim Essen.

14. Dalai Lama (* 1935)

Tischgebet[34]

Diese Speise ist die Gabe des ganzen Universums.
Ein Geschenk der Erde und des Himmels.
Aller fühlenden und nicht fühlenden Wesen.
Viele mühen sich uns zu nähren in gegenseitiger Liebe von Fürsorge.
Mögen wir uns in Liebe und Dankbarkeit dieser Gabe erfreuen.
Mögen wir zum Segen für alle werden.

Alle Buddhas und alle lebenden Wesen

Alle Buddhas und alle lebenden Wesen sind nichts anderes als der Eine Geist, neben dem nichts anderes existiert. Dieser Geist, der ohne Anfang ist, ist ungeboren und unzerstörbar. Er ist weder grün noch gelb, hat weder Form noch Erscheinung. Er gehört nicht zu den Kategorien von Dingen, die existieren oder nicht existieren. Auch kann man nicht in Ausdrücken - wie alt oder neu - von ihm denken. Er ist weder lang noch kurz, weder groß noch klein, denn er überschreitet alle Grenzen, Maße, Namen, Zeichen und Vergleiche, Du siehst ihn vor dir, doch sobald du über ihn nachdenkst, verfällst du dem Irrtum. Er gleicht der unbegrenzten Leere, die weder zu ergründen noch zu bemessen ist. Der Eine Geist allein ist Buddha, und es gibt keine Unterscheidung zwischen Buddha und den Lebewesen, nur, dass diese an Formen gebunden sind und im Außen die Buddhaschaft suchen. Durch eben dieses Suchen aber verlieren sie sie. Denn sie benutzen Buddha, um Buddha zu suchen und versuchen mit dem Verstand, den den Geist zu erfassen. Selbst wenn sie ein Äon lang ihr äußerstes leisten würden, sie könnten ihn doch nicht erreichen. Sie wissen nicht, dass in dem Augenblick, in dem sie das begriffliche Denken aufgeben und ihre Unruhe vergessen, Buddha erscheinen wird; denn dieser Geist ist Buddha, und Buddha ist alle Lebewesen. Er ist nicht kleiner, wenn er sich in gewöhnlichen Dingen, noch größer, wenn er sich als Buddha manifestiert.

Hunag Po Hsi-yün (jap. Obaku) (✝ 850)

Das Lied von der Grasdach-Klause[35]

Ich habe eine Grashütte gebaut, in der es nichts von Wert gibt. Nach dem Essen entspanne ich mich und erfreue mich an einem Schläfchen. Als die Hütte fertig war, begann das Unkraut zu wachsen. Jetzt wird sie bewohnt und ist ganz eingeschlossen von Pflanzengrün. Der Mensch in der Hütte hier lebt gelassen, ist nicht betroffen von Innerem, Äußerem oder Sonstigem. Wo weltliche Menschen leben, da lebt er nicht; was weltliche Menschen lieben, das liebt er nicht. Obwohl die Hütte klein ist, enthält sie die ganze Welt. Auf neun Quadratmetern erleuchtet ein alter Mann die Formen und ihr Wesen.

Ein Mahayana-Bodhisattva vertraut und ist ohne Zweifel. Durchschnittlichere oder geringere Menschen werden sich fragen: Wird diese Hütte zugrunde gehen oder nicht? Vergänglich oder nicht, der ursprüngliche Meister ist gegenwärtig. Er verweilt nicht im Süden oder Norden, Osten oder Westen.

Fest gegründet in Beharrlichkeit, nichts kann dies übertreffen. Ein leuchtendes Fenster unter grünen Kiefern - Damit können sich Jadepaläste oder zinnoberrote Türme nicht messen.

Einfach nur sitzen mit einem Dach über dem Kopf, und alle Dinge sind in Ruhe. Daher versteht dieser Bergmönch überhaupt nichts mehr. Er lebt hier und arbeitet nicht länger daran, sich zu befreien. Wer wollte denn da stolze Sitze herrichten, um Gäste anzulocken?

Wende das Licht herum, dass es das Innere erleuchtet, und dann kehre einfach zurück. Der unermesslichen Quelle kann man nicht gegenübertreten, noch kann man sich von ihr abwenden. Begegne den alten Meistern, werde vertraut mit ihren Anweisungen, binde Grasbüschel, um eine Hütte zu bauen, und gib nicht auf. Lass die Jahrhunderte vorübergehen und entspanne dich vollkommen. Öffne deine Hände und gehe ganz natürlich. Tausende Worte, Myriaden Interpretationen haben ja nur einen Sinn, dich von Hindernissen zu befreien. Wenn du den Unsterblichen in dieser Hütte kennen lernen willst, so wende dich nicht ab von diesem Hautsack.

Shih-t'ou Hsi-ch'ien, jap. Sektion Kisen (700-790)

früher chinesischer Zen-Meister

---

[35] Aus: Taigen Dan Leighton (Hrsg.): *Das Kultivieren des Leeren Feldes. Praxisanleitungen zur Schweigenden Erleuchtung von Zen-Meister Hongzhi Zhengjue (Wanshi Shogaku, 1091-1157).* Werner Kristkeitz Verlag, Heidelberg 2009, S. 96

Das Gelübde der Menschheit

Besänftigt und gefasst
lasst uns erwachen zum wahren Selbst,

völlig Erbarmende werden,
völlig unsere Fähigkeiten nutzen,
wie immer es unserer Berufung entspricht;

das Leiden erkennen
von Mensch und Gesellschaft
und die Wurzel des Leidens;

die richtige Richtung erfassen,
wohin die Geschichte gehen soll.

Wir reichen einander die Hände,
miteinander verwandt,

weit jenseits der Unterschiede
von Herkunft, Nation und Klasse.
Lasst uns voll Mitgefühl geloben,
dass wir unser tiefes Verlangen
nach Befreiung verwirklichen
und eine Welt gestalten,
in der wir alle leben können
in Wahrheit und Fülle.

Shin'ichi Hisamatsu[36]

---

[36] Shin'ichi Hisamatsu (1889-1980). Philosoph, Zen-Buddhist, Tee-Zeremonienmeister. Professor an der Kyoto Universität, Ehrendoktor der Harvard Universität. Er bezieht westliche und östliche Philosophie aufeinander. (entn. aus Wikipedia)

LITERATURANGABEN

Garma, C.C. Chang: Die Praxis des Zen. (Deutsch), Taschenbuch, 01.01.1993, Aurum Verlag

Soeng Sunim: Thousand Peaks Korean Zen - Tradition and Teaching, Pramax Press, Berkeley, CA 1987, S.172. Übersetzung: Sr. Ludwigis

Thich Nhath Thanh: Gebete aus: Einige buddhistische Gebete und Verse für die tägliche Praxis nach Version 0.13, M.B. Schiekel, Ulm, 12.09.2006 (https://mb-schiekel.de/Gebete.pdf, abgerufen am 02.09.2020)

Übrige Rezitationstexte entnommen aus dem Rezitationsheft von P. Willigis, Benediktushof/ Sonnenhof (www.spirituelle-wege.de, www.benediktushof-holzkirchen und www.wsdk.de)

IMPRESSUM

Bibliografische Information der Deutschen Bibliothek: Die Deutsche Bibliothek verzeichnet diese Publikation in der Deutschen Nationalbibliografie; detaillierte Daten sind im Internett über <http://dnb.ddb.de> abrufbar.

© 2024 Karim El Souessi

Satz: Eva Höschl, Martina Mang

Fotos: Denise Richter

Lektorat: Karim El Souessi

Herausgeber: Karim El Souessi

Herstellung und Verlag: BoD - Books on Demand, Norderstedt

ISBN 978-3-758-32339-3

Dieses Heft ist ein Auszug aus dem Buch „Mystische Texte aus Ost und West" des Herausgebers Karim El Souessi.